デイヴィッド・S・セセルスキ【著】
David S. Cecelski
樋口映美【編訳】
Hayumi Higuchi

アメリカ東海岸 埋もれた歴史を歩く

My Journey into the Past: Stories from North Carolina

彩流社

日本語読者のみなさんへ

デイヴィッド・S・セセルスキ

このたび本書の編訳者（樋口映美さん）が私の研究やエッセイに関心を寄せてくれたことを非常に光栄に思います。私はこれまで樋口さんの歴史研究に敬意を表してきましたが、本書の編訳者として日本語版のために私のエッセイをいくつか選んでくれたことに心から感謝しています。

エッセイの内容とそのテーマの重要性を「より深い位相」から理解するために言葉の背後に何があるかを、樋口さんは見極めようとします。私がここで言う「より深い位相」とは、書き手がほかの人や人間性について叙述しようとする際、その場所や物語が現在の時点で一般的に重視されていようがいまいが、書き手が過去の人とその状況を人として少しでも共有し共感しようとするとき、その延長線上に初めて現れるものだと思っています。

アメリカ合衆国の片隅から私が見出した歴史の話を日本語読者のみなさんと分かち合える機会がこうして訪れたことに感謝しています。みなさんが私の歴史叙述のエッセイに少しでも関心をもって、考えるきっかけを見つけてくださるようにと願っています。

関連地図 1
アメリカ合衆国

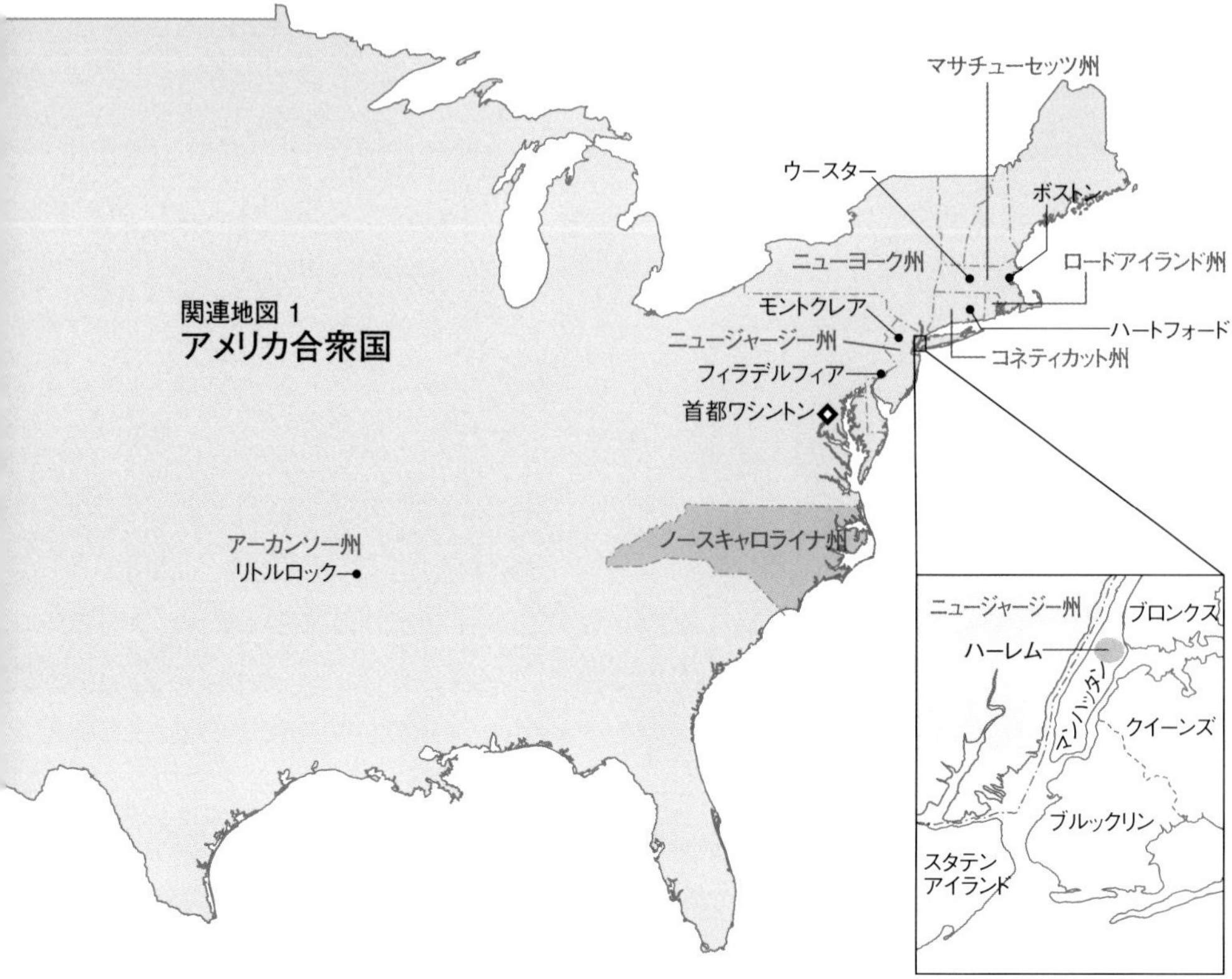

ニューヨーク市概略図

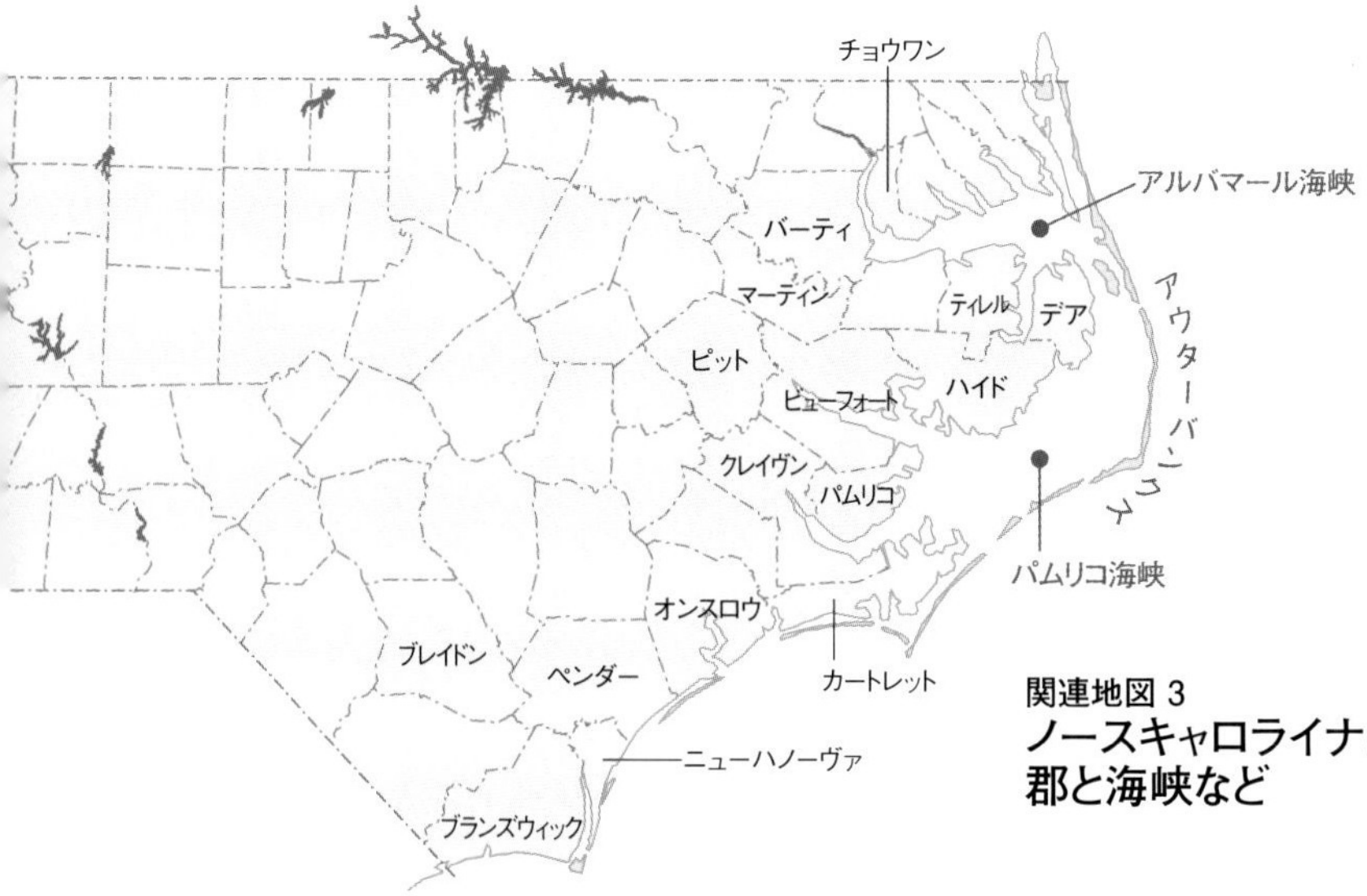

関連地図 3
ノースキャロライナ州の郡と海峡など

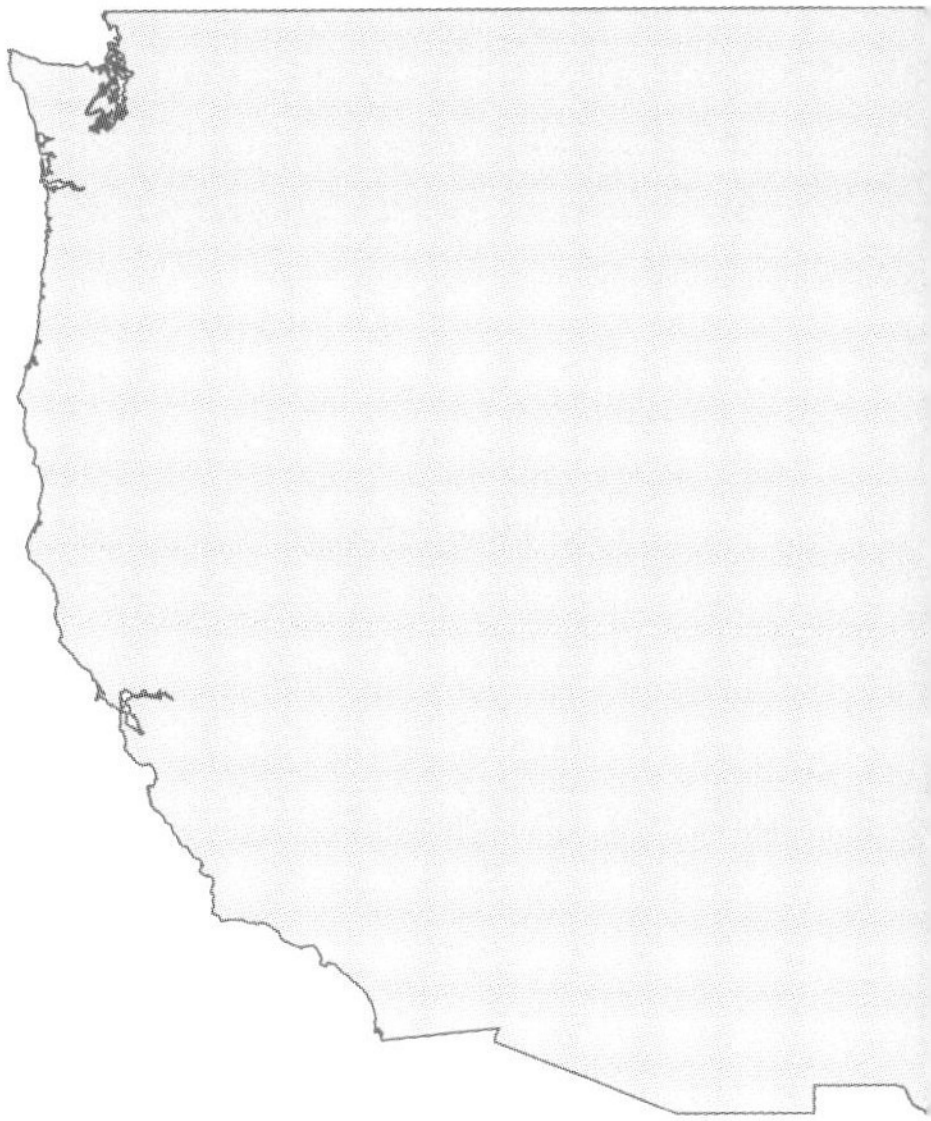

関連地図 2

ノースキャロライナ州と近隣州

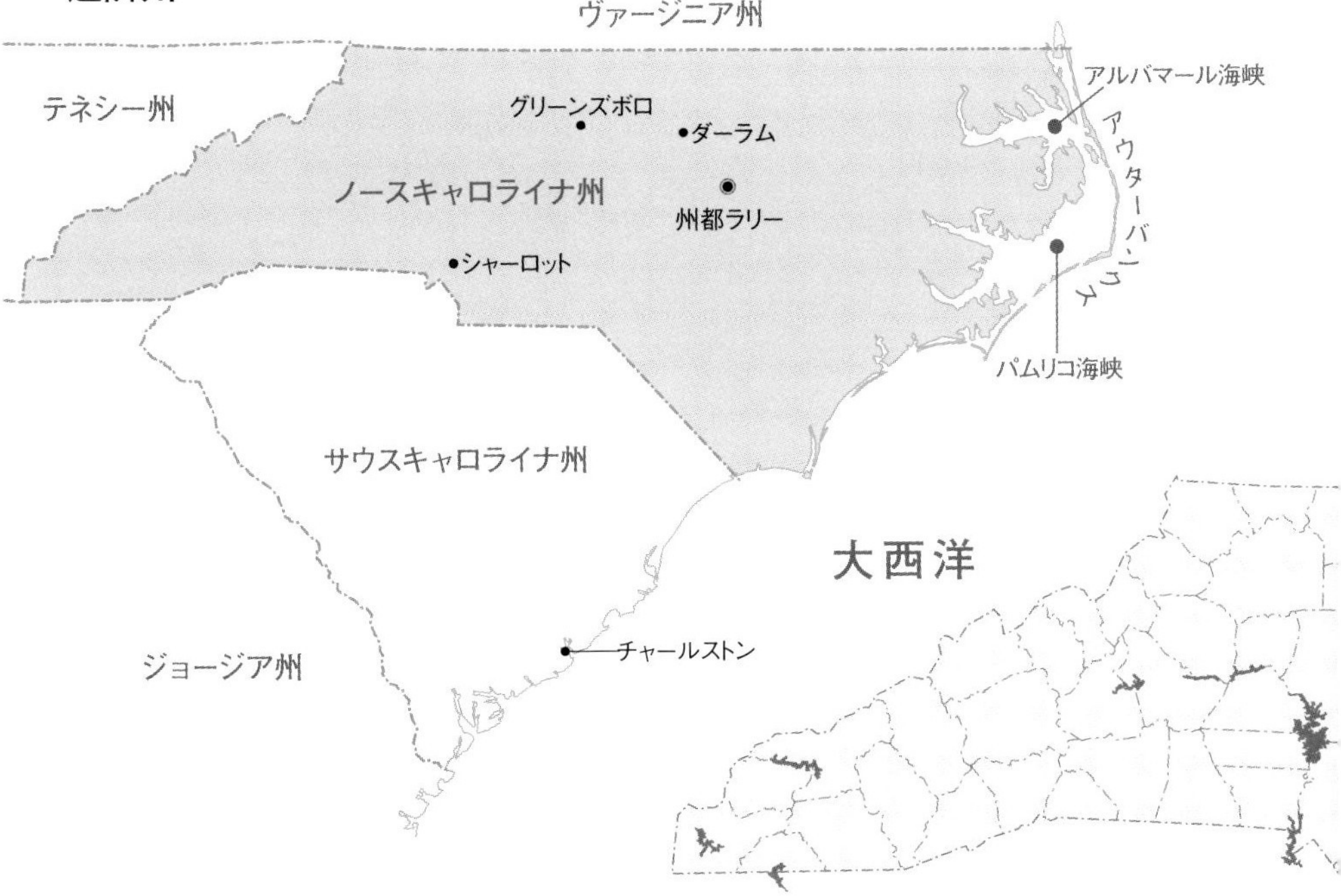

グレート・ディズマル・スワンプ
マーフリーズボロ
チョウワン川
ボディ島
キティーホーク
キル・デヴィル・ヒルズ
コルルレイン
タイナー
イーデントン
アルバマール海峡
コリントン島
ナッグズヘッド
ロッキーマウント
マンテオ
ロアノーク島
マンズハーバー
ワンチーズ
プリマス
ウィノーナ
イースト・
ディズマル・
スワンプ
ウィルソン
ロバーソンヴィル
パンゴ湖
スタンピー・ポイント
パンゴ川
ベルヘイヴン
アリゲイター川
インゲルハード
マタマスキート湖
ワイソッキング湾
ハッテラス島
ゴールズボロ
シーモア・ジョンソン空軍基地
パムリコ海峡
ハッテラス
ニューバーン
ジェイムズ・シティ
シーダー島
チェリーポイント
海兵隊航空基地
ハーロウ
ハヴロック
ジャクソンヴィル
キャンプ・ルジュン
海兵隊基地
アトランテイック・ビーチ
ボグー・バンクス島
ブラウンズ島
バーゴー
ウィルミントン
ボリヴィア
サウスポート

関連地図 4
ノースキャロライナ州の東部・中部

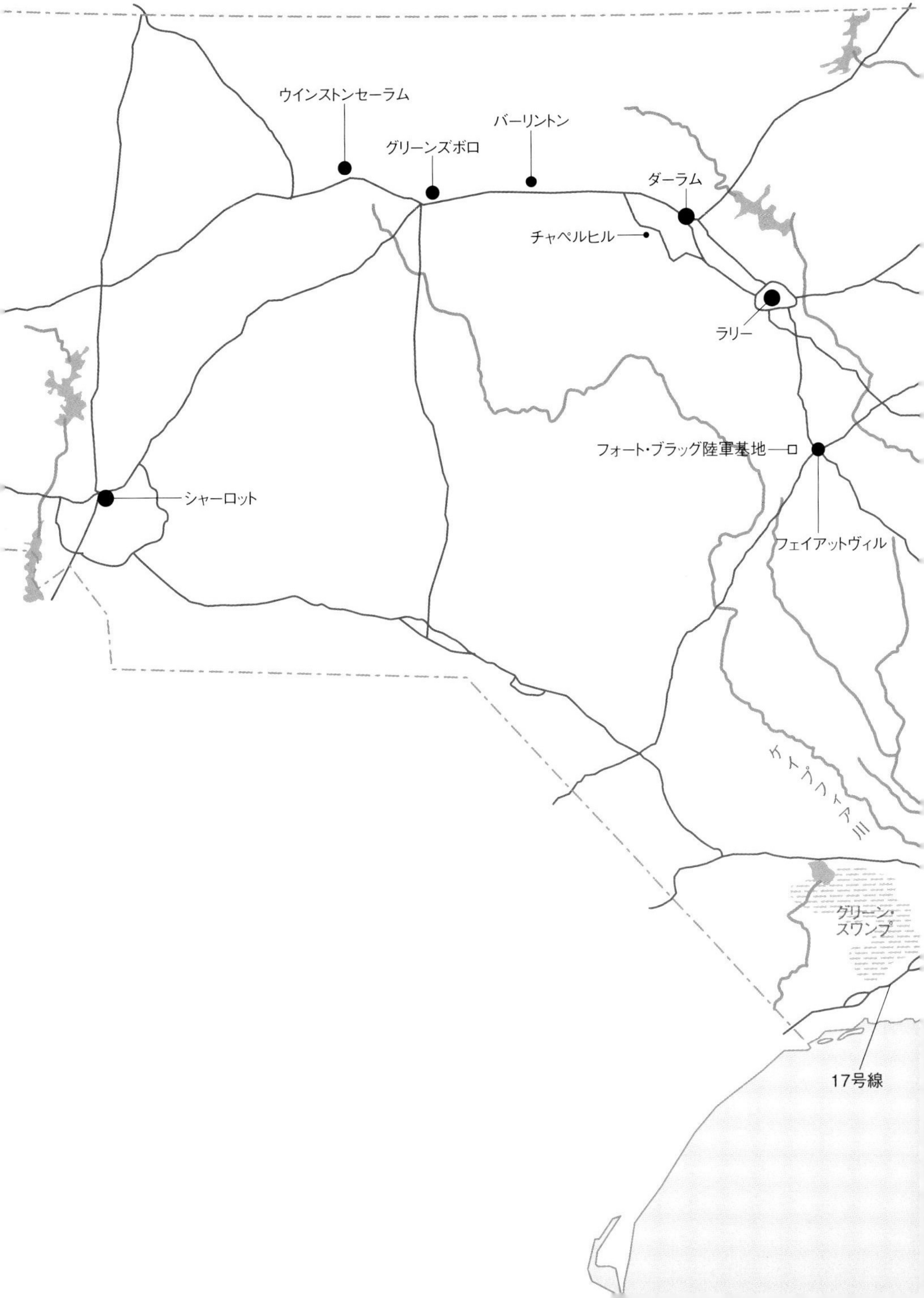

ウインストンセーラム
バーリントン
グリーンズボロ
ダーラム
チャペルヒル
ラリー
フォート・ブラッグ陸軍基地
シャーロット
フェイアットヴィル
ケイプフィアー川
グリーン・スワンプ
17号線

目次

第二部　自由を求めて

凡例

1　地名と人名は、できる限り原語の発音に近いカタカナ表記を用いて、人名のJr. などは（　）を用いて（ジュニア）などとした。また、地名については、英語で二語以上から成る地名（たとえばNew York）の場合、慣用的に日本語でハイフンなどを用いずに表記されることもあり、多くはそれにならった（「ニューヨーク」など）。したがって、North Carolina といった州名も、「ノースキャロライナ」と記した。

2　本文の数字表記には、「数十」「数百」など不特定の数値を表わす場合は別として、「十」「百」「千」は使用せず、それぞれ「一〇」「一〇〇」「一〇〇〇」と表記した。なお、「ひとつ」「ふたつ」は「一つ」「二つ」と表記した。したがって、人数を表わす「ひとり」は原則として「一人」と表記する。さらに、従来「一ヶ月」と表記される傾向にあった語句については、「一か月」と表記した。

3　複数の人を示す場合、「人々」と表記されることが多いが、個々人に注意を払う視点から、原則として「人びと」と表記した。

4　「おこなう」の表記は、「行なう」と送り仮名を付けることにより、「行った」（いった）と「行なった」（おこなった）が一見して区別できるようにした。

5　本文での直接引用の文中において、内容の理解を深めるために訳者が付記した語句は［　］を設け、文字サイズを小さくして記した。なお、著者による付記については文字サイズを変えず、〔　〕を用いた。また（　）は、著者によるもの以外に、固有名詞の原語表記にも用いた。

6　原文において強調の意味でイタリック体やゴシック体が使われている箇所では、傍点を用いた。

第1部　大西洋岸辺境の生活史——写真とともに

1 先住民アグアスコーゴクの痕跡

写真１　女性と子供。ノースキャロライナ州ロアノーク島、1915 年、フランク・スペック撮影。National Museum of the American Indian 所蔵。

フランク・スペックという名の文化人類学者がノースキャロライナ州ロアノーク島で先住民の女性と子供の写真を撮ったのは、一九一五年のことでした。スペックは、その人たちのことを、私にはそれが妥当だとは思えないのですが、「マチャパンガ・インディアン」だと言うのです。その先住民部族の人たちは、パンゴ川とマタマスキート湖のあたりを拠点として生活していました。

昨年クリスマスの日の数日後のこと、私はスペックの撮ったその写真を、首都ワシントンにある国立アメリカン・インディアン博物館（National Museum of the American Indian）を訪れていて、見つけました。

さらに後のことですが、その写真の原板を焼いた最初のものが、ベンジャミン・フランクリンがフィラデルフィアに一七四三年に創設したアメリカ哲学協会（American Philosophical Society）に所蔵されていることがわかりました。

スペックは、フィラデルフィア市の外《はず》れにあるペンシルヴェニア大学の教員で、北米大陸東部の先住民言語（アルゴンキン語とイロクォイ語）を話す人びとの言語と文化について研究していました。

スペックがロアノーク島を訪れていたころ、スペックの研究として最も知られていたのは、おそらくコネティカット州のフィデリア・フィールディングに関する研究でしょう。フィールディングは、またの名をディジッソ・バド・ドゥナカ（「飛ぶ鳥」の意、アルゴンキン語であり、現在は正確な発音が不明）としても知られていた先住民モヒガンの老女でした。

写真２　フィデリア・フィールディング、またの名はディジッソ・バド・ドゥナカ（飛ぶ鳥）（1827 ～ 1908）、Mohegan Tribe（https://www.mohegan.nsn.us/）提供。

フィデリア・フィールディングは、モヒガン部族のピークォット語「アルゴンキン語系の言語」を流ちょうに話すことのできた最後の人でした。この人については驚くべきことが数多くわかっています。その一つが、ピークォット語で日記を書いていたということなのです。

その日記は、フィールディングが死亡した一九〇八年以降、スペックの手に預けられ、書き言葉としてのピークォット語の保存とその言語復活のための必要不可欠な文献史料になりました。

(フィデリア・フィールディングの日記は、その後、モヒガン族の人びとの手に委ねられ、現在コネティカット州アンカスヴィルのモヒガン部族保留地に設けられたモヒガン古文書図書館に所蔵されています。)

スペックは一九一五年に、アルゴンキン語でキャロライナ地域に特有の方言を話す先住民を探し求めて、ノースキャロライナ州の大西洋沿岸に連なるロアノーク島とアウターバンクスの島々を巡っていました。

その翌年スペックは、文化人類学の学術誌『アメリカン・アンソロポロジスト』に論文を発表し、[方言について]わかったことは「ほとんどない」と、はっきり書いています。少なくともスペックは、自身が見聞したことをほとんど理解していなかったように私には思われます。ただ、言語学者たちが称するところのアルゴンキン語キャロライナ方言がすでに消滅していたというのは、スペックの述べたとおりでした。

私は、『アメリカン・アンソロポロジスト』に書かれたフランク・スペックの論文に感銘を受けたわけではありませんが、国立アメリカン・インディアン博物館で見つけたスペック撮影の写真には心を奪われました。

全部で五枚ありました。その内訳は、冒頭でお示しした一枚の写真［写真1］と、それと同じ時期におおよそ同じ姿勢で撮られた同じ女性と子供の写真二枚、それにほかの写真二枚です。

この最後の「ほかの写真」［写真3］に写っているのは、おそらく、先に示した写真［写真1］に写っている女性と子供の家族の一員で、かなり老齢の先住民／アフリカ系アメリカ人の女性の写真です。思うに、冒頭の写真に写った女性の母親か祖母か曾祖母でしょう。

写真3　マチャパンガ（パンゴ川）族／アフリカ系アメリカ人女性の肖像写真。ノースキャロライナ州ロアノーク島、1915年。フランク・スペック撮影。National Museum of the American Indian 所蔵。

スペックは『アメリカン・アンソロポロジスト』で、これら三人の人びとがアフリカ系アメリカ人と「マチャパンガ・インディアン」との混血であると述べています。現に、論文の題目は、「ノースキャロライナ州のマチャパンガ・インディアンの名残」でした。

とはいえ、スペックの解釈には少々疑問が残ります。というのも、この二人の女性と子供は、自分たちのことをアメリカン・インディアンと称してはいますが、その部族名として「マチャパンガ」という言葉を使っていたわけではないからです。実のところ、大西洋岸の先住民部族の人びとがこれまで自分たち自身を「マチャパンガ」と呼んでいたという確証はありません。

一八世紀初頭にさかのぼって調べてみると、パンゴ川とマタマスキート湖近隣に住んでいてアルゴンキン語を話すインディアンのことを「マチャパンガ」と呼んだのは、イギリスから来た植民者でした。

パンゴ川もマタマスキート湖も、ロアノーク島の南西に位置していて、川はロアノーク島から五〇マイル〔約八〇キロメートル〕ほど、湖は三〇マイル〔約四八キロメートル〕ほどのところにあります。

一八世紀初頭のイギリス植民者たちは、部族名として「マチャパンガ」という名称を用いていたのでしょうが、それ以前に書かれた文献によれば、この地域のアルゴンキン語を話すインディアンは、「セコタン」と称されていました。

さらに、一八世紀初頭以降の文献では、「パンゴ川インディアン」とか「マタマスキート・インディアン」という具合に、現地の地名を用いて部族名にすることが多かったようです。

「マチャパンガ」という言葉は、アルゴンキン語から英語に翻訳すると、私の知る限り、「汚い埃」とか「たくさんの泥」とかを意味しているのです。それが本当なら、先住民の人びとが自分たち自身を「マチャパンガ」と呼ぶでしょうか。

したがって、「マチャパンガ」という単語は、地理学者たちが言うところの「外国人による呼称」、つまり、侮蔑的な意味合いが常に込められていたわけではないにしても、侮蔑的な意味が込められることが多く、外部から来た者がその地やその土地の人を示すときに使ったというだけのものであって、その地に住む人が自身を示す用語としては使わないという類《たぐい》のものだと、私には思われます。

ちなみに、フランク・スペックは、ロアノーク島で撮った写真のなかの女性について、老齢ではないほうの女性の名前を記していません。老齢の女性については、「ミセス・M・H・ピュー」と称しています。ただ、これが、少し間違っていました。「ミセス・M・H・ピュー」は、アニー・マリア・(シモンズ)・ピューで、死別した夫の名はM・H・ピューではなく、スミス・ピューでした。M・H・ピューは、スミス・ピューの息子の一人だったのです。

少し家系について調べてみたところ、アニー・マリア・シモンズ(結婚してピューとなる）は、現在のベルヘイヴンとパンテゴからそれほど遠くないパンゴ川のほとりに生まれていました。

そのことは、スペックが『アメリカン・アンソロポロジスト』の論文のなかで証明してくれています。スペックは、その女性が「パンゴ川流域で生まれ育った」と述べ、「パンゴ川インディアン」だと明記していました。

写真４　『アメリカ部分図』（Americae parts）あるいは『ヴァージニア海岸地図』（The carte of all the coast of Virginia）と題された詳細図（Theodor de Bry, 1590）。アグアスコーゴク部族や他の先住民集落とマタマスキート湖（パキッペ）、さらに右下の部分にはロアノーク島が示されている。North Carolina Collection, UNC-Chapel Hill 所蔵。

そもそもアニー・マリア・シモンズが生まれた場所は、アメリカ先住民の歴史にとって重要な土地でした。パンゴ川流域は、アメリカ先住民とイギリス人が最初に遭遇した場所の一つで、それは、一六世紀の出来事でした。

一五八五年の夏のこと、イギリスの調査隊がパンゴ川流域を探検しました。そのとき調査隊は、アグアスコーゴクと呼ばれる集落を、二度訪れていました。

写真５　ジョン・ホワイトという画家で地図製作者であった人物は、1585年にこの大西洋岸地域にいたイギリス探検隊の１人。たとえホワイトがアグアスコーゴクを地図に描いていたとしても、それは現存しない（ホワイトの地図はほとんど現存していない）。しかしながら、アグアスコーゴクの近隣にいたアルゴンキン語族の集落を描いており、それにはマタマスキート湖の南岸のポメイウクという集落（上図）も含まれていた。British Museum 所蔵。

初めてアグアスコーゴクを訪れたとき、イギリス人の調査隊は、人びとを相手に物々交換をしていました。ところが、二度目に訪れたときには、集落に放火して消滅させ、耕作地にも放火していたのです。

私の知る限り、アグアスコーゴグは、イギリス人たちが北米大陸で破壊した最初の先住民集落なのです。

一九一五年にロアノーク島を訪ねたフランク・スペックは、アニー・ピューについて「おそらく八〇歳くらいだろう」と推測しています。それはほぼ妥当な推測でしょう。アメリカ合衆国の国勢調査《センサス》原票によれば、アニー・ピューは、一八三八年に生まれていますから、スペックが会ったときには、七七歳だったということになります。

アニー・ピューは、一七歳のとき、ハッテラス島の先住民スミス・ピューと結婚しました。スミス・ピューは、そのころ海に出て生計を立てていました。おそらく一年の大半は漁業をして、少しは農業もしていたのでしょう。

アウターバンクス地域の古い家系によくみられることなのですが、スミス・ピューもアニーと同様に、人種的に多様な家系に生まれていたはずです。（私がここで「人種的に多様」というのは、ヨーロッパ系とかアフリカ系とか先住民系とか、複数の混血の祖先をもつという意味です。）

この夫婦は（インディアンと他の人種との混血だった可能性もありますが）、インディアンとみなされてきました。アニーは、先に申し上げたとおり「パンゴ川インディアン」で、スミスはハッテラス島部族に属していました。

写真６　フランク・スペック撮影で1915年のもう一枚の肖像写真。これには娘と思われる女児は写っていない。National Museum of American Indian 所蔵。

スミス・ピューとアニー・ピューは、南北戦争後にハッテラス島のスミスの実家近くに移り住み、子供が一三人いました。そのうち成人になるまで生き延びたのは、八人のみだったようです。

その子供たちの人種分類を、一〇年ごとに実施されるアメリカ合衆国の国勢調査《センサス》の原票で調べてみると、そのころアメリカで人種がどれほど多様でどのように表現されていたかがわかります。

たとえば、南北戦争期［一八六〇年代前半］から一九〇〇年にかけてピュー夫婦と子供たちの人種分類が、国勢調査《センサス》原票で「ムラート」（黒人との混血）、「白人」、「黒人」といった用語で記載されています。

そこには、「インディアン」や「アメリカン・インディアン」や「先住民」という語句は記載されていないのです。

これら「インディアン」や「アメリカンン・インディアン」や「先住民」という言葉は、当時の［アメリカ合衆国で国民の］人種を表わす公式用語として使われていなかったわけです。言い換えれば、アメリカ合衆国全土のどこにおいても、一九〇〇年以前の通常の国勢調査《センサス》では人口調査の対象として、ほとんどの先住民が数えられていなかったのです。

この先住民排除は、歴史に深く刻まれている事実なのです。今の時点で考えれば信じられないことですが、アメリカ合衆国憲法では［その制定期から］、先住民がアメリカ市民となることをもともと禁じていたのです。この状況は、一九二四年に連邦議会で「インディアン市民法」が可決されるまで変わりませんでした。

［世帯ごとに情報を得るために巡回した］国勢調査《センサス》の調査官が、インディアンの血と白人の血と黒人の血を、（あるいは他の人種の血も）それぞれ少しずつ入っている個人を調査対象に含めると判断したとしても、その人物をアメリカン・インディアン以外の人種名で記載するのが一般的に行なわれていたということです。

そういうピュー一家は、漁民でした。一家は、主としてアウターバンクスに住み、スミス・ピューと夫婦の三人の息子たちは全員が漁師でした。貧しい生活でした。子供たちには学校教育を受ける時期さえもほとんどなく、少年たちは一一歳か一二歳になれば早くも大人たちと一緒に漁に出て働きました。

写真７「漁の仕方」、ジョン・ホワイト画、1585-1586 年頃。ホワイトがロアノーク島およびその近隣の海で働くアルゴンキン族の漁師を描いた水彩画。British Museum 所蔵。

現に、一八八〇年の国勢調査《センサス》原票には、一二歳の息子メルトンが「漁師」と記載されています。

漁師の生活は厳しいものでしたが、強みもありました。たとえば、大西洋岸のアルゴンキン語族の出身者にとって、漁師であることの強みの一つは、自分が祖先とつながっているという自覚をもつことが容易だったことにあるかもしれないのです。どうこう言ったところで、アメリカン・インディアンは何千年も海で漁をしてきたのですから。

同じく一八八〇年の国勢調査原票《センサス》を見ると、アニー・ピューは、職種の欄に「主婦業」と記載されています。少なくとも八人の子供がいる漁師の家での「主婦業」とは、もちろん大変な仕事だったはずです。アニーは、誰よりも早く起き、一家の誰よりも遅くまで寝ずに起きていて、ぐうたらな生活とは縁のない毎日を送っていたことでしょう。

アニーの夫スミス・ピューは、一九〇〇年ころに死亡しました。ペンシルヴェニア大学の文化人類学者フランク・スペックは、それから一五年後にアニー・ピューに遭遇したのですが、それはアニーが死亡するほんの少し前のことでした。アニーは、一九一六年にボディ島のナッグズヘッドで死亡するのです。

写真1に写った女性と子供の正体が誰かは、わかりません。おそらく大人の女性はアニー・ピューの娘か孫か、ひ孫でしょう。そして、少女は、その女性の娘だと思われます。

その写真に写る母親と娘がいったい誰であれ、私は、二人の沈着さと大胆さ、それに写真を撮っている見知らぬ者を見つめる眼差しに感銘を受けました。

写真８　ポコシン湖国立鳥獣保護区、パンゴ湖のハクガンの群れ。トム・アーンハート撮影。

写真に写るその二人の平然とした眼差しに私は、これでもかと人に訴える何かを感じるのです。二人は自分たちが何者であるかに確信をもち、撮影者スペックの魂をしっかりと見つめているように思われます。

それに、おそらく私の想像にすぎないかもしれませんが、少なくとも母親は自分の目の前に展開していることに幾ばくかの疑念をもっているようにも見えます。スペックがいったいなぜここにいるのかと思いめぐらし、スペックについて懐疑的であるようにも見えるからです。

私はここで、アニー・ピューとパンゴ川インディアンとの関連について、かつて聞いたことのある話を思い出しました。それは二〇〇四年のことで、ちょうど私がパンゴ川の北で、現在ポコシン湖国立鳥獣保護区となっている地域のちょうど西にある小さな集落ウィノーナを訪れていたときのことです。

写真９　パインタウン近く、イースト・ディズマル・スワンプの木こりたち。出典：Elizabeth Parker Roberts, *Family and Friends, Pine Town, North Carolina, 1893-1918*。

私は、歴史を理解するためにレイチェル・ストウツバリーという八八歳の白人女性にインタビューをするべくウィノーナにいたのです。

ストウツバリィさんは、一九三〇年代に地元の農民と結婚してからずっとウィノーナに住んでいました。

パンゴ川の上流域にインディアン部族が住んでいたころのことを、義理の父親が憶えていたと、ストウツバリーさんは私との会見で話してくれたのです。

ストウツバリーさんの義理の父親によれば、インディアン居住地はデイヴィス埠頭《ランディング》と呼ばれているところでした。そこは、パンゴ川上流の遠く離れた、道もない沼地の森林地域で、アニー・ピューが幼少期を過ごした実家から上流に二〇マイル［約三二キロメートル］ほど行ったところにありました。

その当時、パンゴ川の上流域は、ディズマル・スワンプという広い沼地（アルバマール海峡の北側にある湿地帯グレート・ディズマル・スワンプと区別するために「イースト・ディズマル・スワンプ」とも呼ばれる）の中心にありました。

一九世紀末、私たちが今イースト・ディズマル・スワンプと呼んでいる地域は、全体としては依然として何百平方マイルにもわたっているような果てしない地域で、古代からの糸杉やビャクシンに覆われた泥炭湿原（アルゴンキン語でポコシン）でした。

ところが、そういうイースト・ディズマル・スワンプのような土地にも、一九世紀末になると、林業の会社が大々的に入り込み始めていました。やがて、巨大な運河を掘って、沼地を干上がらせ、古くから繁茂していた森の隅々を伐採していったのです。

写真 10　インタウン近くイースト・ディズマル・スワンプで働く木こりの一団、1897 年。出典：Elizabeth Parker Roberts, *Family and Friends, Pine Town, North Carolina, 1893-1918*。

その地域で最初の鉄道を敷設したのは、林業の会社でした。湿原の端には会社によって集落がつくられ、湿原からは大木が新しい鉄道によって会社の製材所に運び込まれました。こうして、ロウパー製材社という会社が、ロウパーの町とベルヘイブンの町に一つずつ、最大級の製材所を建設することになるのです。

ついに森林がなくなってしまうと、会社はその土地を耕作地として売りに出しました。イースト・ディズマル・スワンプが消えていくにつれて、先住民の人びと、少なくともデイヴィス埠頭《ランディング》の先住民たちの姿もまた消えてしまいました。

最後になりますが、国立アメリカン・インディアン博物館に所蔵されているフランク・スペックの写真を見て、私の脳裏に浮かんだ場所がもう一つあります。それは、私にとってなじみ深いところです。

パンゴ川から東に一〇マイル［約一六キロメートル］か一五マイル［約二四キロメートル］行った土地、私が家族と一緒によく訪ねる友人が住んでいる土地です。その友人は、ノースキャロライナ州の大西洋岸地域に長年住んでいたアルゴンキン語族の出身です。マタマスキート湖の湖岸集落に住んでいて、その近所の住民の多くが先住民部族の子孫でもあるのです。

私と私の家族は、毎年、とりわけ冬のこの時期にその地を好んで訪れます。北方から群れをなしてやって来るハクガンとコハクチョウが、この時期に［写真8のパンゴ湖と同様に］マタマスキート湖でも越冬しているからです。

その集落の歴史の始まりは、一七一一年から一七一五年に起きたタスカローラ戦争にまでさかのぼります。そのころ、パンゴ川とマタマスキート湖のあたりに住んでいたアルゴンキン語族の人びとは［イロクォイ語族の］タスカローラ族や他の幾《いく》つかのアルゴンキン語族の人たちに合流して、イギリス植民者たちを相手に戦いました。

この戦いで敗れた人びとのなかにはイースト・ディズマル・スワンプやアリゲイター川流域の沼地に退いた人びとがいました。

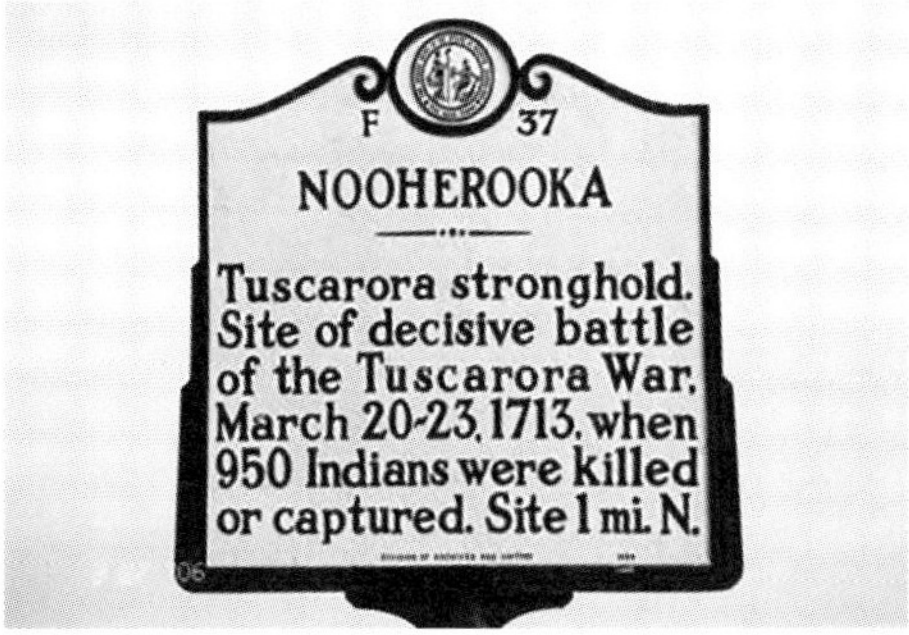

写真11　ノースキャロライナ州スノウ・ヒル近くにある州史跡標識は、1711 年～ 1715 年のタスカローラ戦争の激戦地の一つを示す。パンゴ川から西に 60 マイル［約 96Km］にあるネオハルーカで。著者撮影。

人びとは植民者に降伏することを拒んだのです。植民者側の指導者の一人が、インディアンたちは「舟を漕《こ》ぐのが上手《うま》い」から、追跡は容易ではないと不満をこぼしていました。

一七二七年、イギリス人指導者たちは、マタマスキート湖と現在の町インゲルハードの南からワイソッキング湾までの土地を先住民特別保留地に定めました。

タスカローラ戦争から避難したほかの人びとは、おそらくこのマタマスキート湖の特別保留地に流入したことでしょう。最初は幾人かのコーレ部族が、それに続いてハッテラス島とロアノーク島の部族の人びとが少人数で移り住んだことでしょう。

しかしながら、マタマスキートのインディアン特別保留地は長続きしませんでした。その土地は、一七六一年に売りに出され、先住民ではない人の所有地になってしまったからです。

それでも、その特別保留地にいた家族の多くが、マタマスキート湖と近くのパムリコ海峡の水辺から離れようとはしませんでした。多くの人びとが今もなお、その土地で生活しています。私がその地を訪れるたびにうれしく思うのは、その地に住んでいる人びとが、それまで何千年も前から紡がれてきた、強靭で愛情深く寛大な人間社会《コミュニティ》を今も受け継いで紡いでいるということなのです。

2　コリントン島の住民とその暮らし——一九三〇年代、アウターバンクスの漁村

一九三八年の晩冬か［翌年の］早春のころ、チャールズ・A・ファレル［以下、Aを省略］という写真家がノースキャロライナ州のアウターバンクスにある古い漁村コリントンを訪れていました。現在のコリントンにはマンションや別荘がたくさん建っていますが、ファレルが訪れていたころのコリントンは、リトル・コリントンとビッグ・コリントンという二つの小さな島に分かれて、おそらく二〇〇人か三〇〇人ほどの住民が生活している静かで、訪れる人も少ない集落でした。

アウターバンクスという孤立した環境にあって、二つの島は、南も北も広い沼地のような湾に囲まれていました。その集落の西側にはアルバマール海峡という国内でも有数の大きな入り江があり、東側のすぐそばにあるのがボディ島という、アウターバンクスの北半分を成すもう一つの島でした。

コリントンの集落は、海辺の湿地に囲まれている、木々の生い茂る小高い砂丘にあって、そこには教室が一つだけの学校やメソディスト教会や、住民の家々が建っていました。この集落の主たる商業活動を担っていたのは、レヴィン・ステトゥソンとセイディ・

ステトゥソン夫婦の雑貨店で、その店が郵便局も兼ねていました。

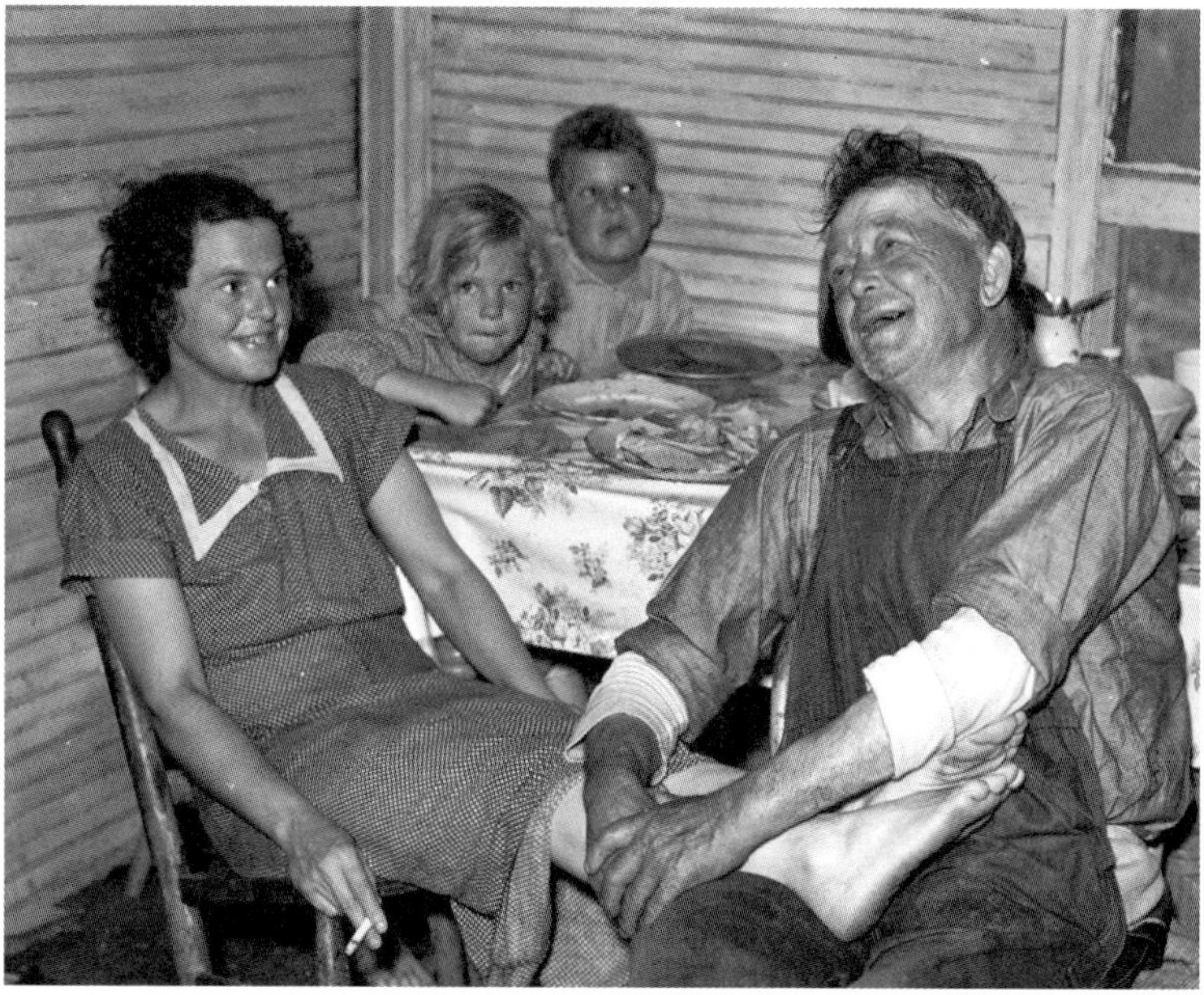

写真12　リトル・コリントン島の漁師フェリックス・ベーズリー家の家庭風景。チャールズ・A・ファレル撮影。　出典：Charles A. Farrell Papers, State Archives of North Carolina.

ファレルがこの地を訪れたときには、［アメリカ合衆国でローズヴェルト政権下のニューディール期に失業対策事業として公共事業推進のために設置されていた］雇用促進局（ＷＰＡ）の労働者たちによって大陸側から［ボディ島経由で］コリントン島に通じる最初の橋が架けられ舗装道路ができていました。こうして、コリントンの集落は以前に比べれば、外の世界から訪問しやすくなっていました。

ファレルがコリントンで撮った写真は、ファレルの写真としては異例のものでした。ノースキャロライナ州大西洋岸の他の地域でファレルが撮ったのは、漁業を営む男たちや女たちの作業の様子、たとえば漁の様子や魚を切り捌《さば》く様子や、漁船や漁網つくりの様子だったのです。

それがコリントンでは、違いました。コリントンでの写真は、大恐慌下で生活する漁民家族とその家庭生活を写し出しています。愛情に満ちたこの瞬間［写真13］、フェリックス・ベーズリと妻リズィは、夕食の食卓を囲んで談笑しています。リズィの子供たちキャリーとアイヴィは、夫婦の後方で夕食を食べているところです。一家の家屋は、嵐で岸に打ち上げられた屋形船で、ボディ島とリトル・コリントン島を分ける運河のそばにありました。

ボディ島のナッグズヘッド・ウッヅで生まれ育ったリズィは、軽い足取りと目の輝きで知られていました。その子孫から聞いたところでは、リズィは若いころ、おそらく一五歳か一六歳のころ、伝染病の猩紅熱《しょうこうねつ》を患い、そのときの高熱の後遺症で子供のような物腰になったのだそうです。

リズィとフェリックスには四〇歳という年齢差があり、それには驚かされます。とはいえ、二人はとっても幸せそうです。

フェリックス・ビーズリの孫でロアノーク島に住んでいるマイルズ・ミヂェットは、一家はいつもこんなふうだったと私に話してくれました。ビーズリ一家は、いつも「幸せで喜びに満ちた人たちだった」というのです。

写真13　玄関先で。ビーズリー家がリズィの父親ルイズ・リトツトン・〈リトゥ〉・ジョンソンと、そばで何やら夢中になっている犬と一緒に屋形船の家の玄関口の階段で過ごすひとときと。フェリックスの弟モリスも漁師で、同居していたが、この写真には写っていない。チャールズ・A・ファレル撮影。出典：Charles A. Farrell Papers, State Archives of North Carolina.

上の写真では、小魚を捕るための長い柄のついたタモ網が家の角〔写真13の左端〕の地面に横たえてあります。このころフェリックスは健康を害し始めていましたが、まだカニやウナギを捕まえて小銭を稼いでいました。ワタリガニを捕まえるためにフカセ釣りの流し釣り糸を仕掛けました。これは、今や「枝編み式かご」に替わっていますが、当時は一般的な方法でした。

フカセ釣りは、丈夫なロープの両端を波のない湾や塩水湿原にしっかり固定し、そのロープに釣り針を、鉤素《はりす》と呼ばれる釣り糸で二、三メートルくらいの一定の間隔で結びつけて使います。

フェリックス・ビーズリは、春と夏、海にいるウナギをエサにして海中にフカセ釣りを仕掛けると、毎日早朝にその場所に戻って仕掛けを確認しました。仕掛けをたどりながら、小舟を竿《さお》で進めては、鉤素《はりす》ごとに糸を持ち上げて、カニがエサに食いついている間に［写真13に写っている］タモ網でカニを捕っていたのです。

コリントンではフカセ釣りでウナギも捕っていました。そのエサはカニの小片でした。つまり、ウナギを捕るときのフカセ釣りではカニをエサに使い、カニ捕りのフカセ釣りではウナギをエサに使いました。そこには、何も無駄にすることなく生活するという、一風変わった生き方、むしろそれ以上の何かが育まれていたはずです。

チャールズ・ファレルがコリントンを訪れていたとき、マイルズ・ミヂェットが後で私に教えてくれたことですが、この漁村は粗野で荒々しいところだったようです。「酒好きで喧嘩好きだった」と、マイルズは弁解がましくもなく話してくれました。

マイルズはまた、コリントンが人間関係の面では緊密で思いやりのある友好的な集落だったとも話してくれました。

現金があまりなかったから、自分たちで捕った魚や野生動物や畑で栽培したものを、近隣の住民たちが頻繁に無料《ただ》でやったりもらったりして、一種の「物々交換の場所」だった、と懐かしそうに話してくれたのです。

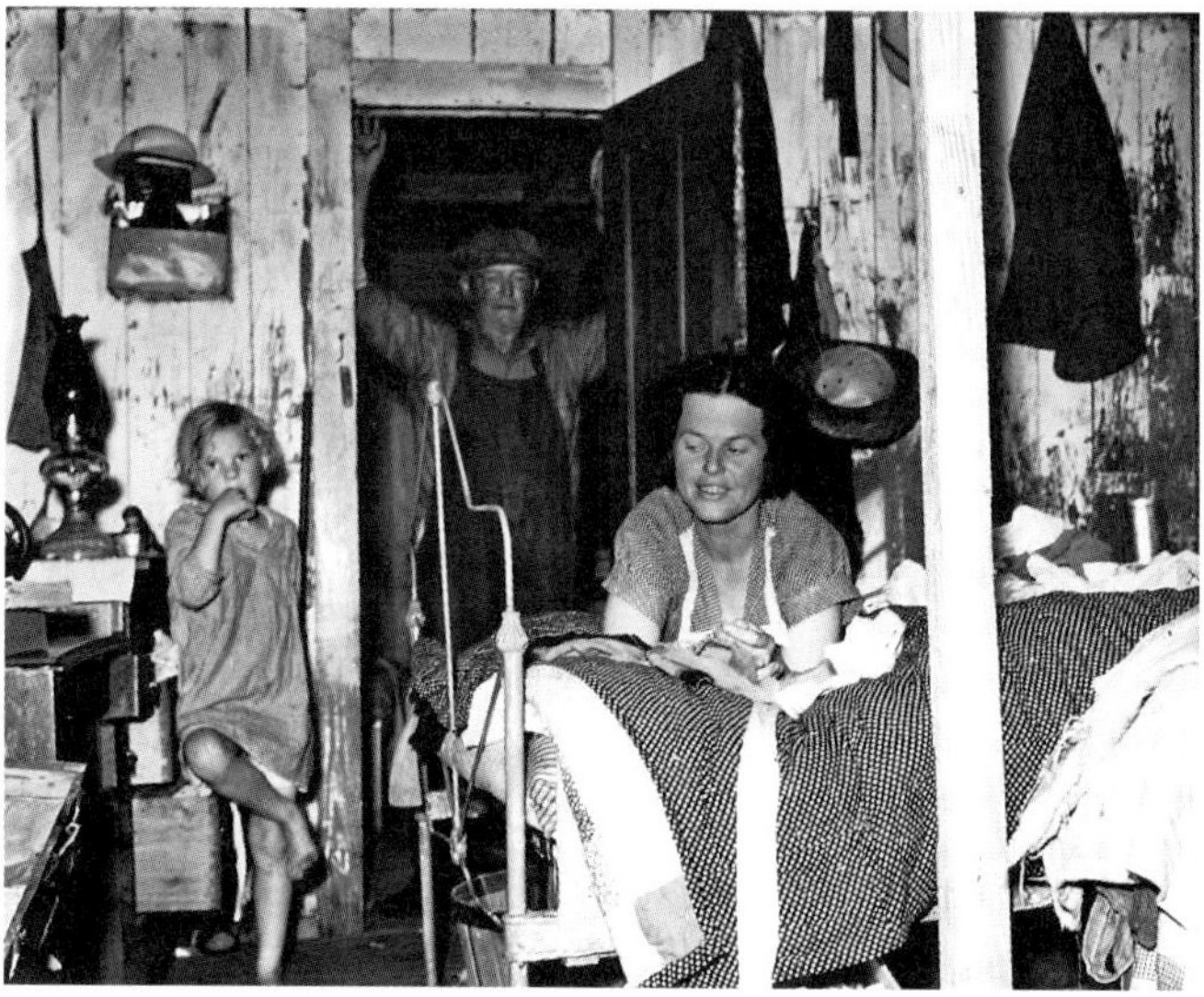

写真14　ビーズリー家の風景。リズィがベッドに寄りかかり、キャリーがベッドのわきにある壁際の何かに腰掛け、フェリックスが開いた戸口に立っている。リズィが身を置いているのは、細い鉄パイプでできた古いベッドの上のマットレスに広げてある手作りのキルティング。石油ランプが戸棚の上にあり、服が白く塗られた壁にかかっている。チャールズ・A・ファレル撮影。出典：Charles A. Farrell Papers, State Archives of North Carolina.

島の人たちは、病人や高齢者の世話をして、ほかの家族で世話のできない子供がいれば、その子を自分の家族で預かって育てたそうです。

マイルズはまたこうも力説しました。若い母親が二人の子供に加えて、病気で弱っていく老齢の漁師を抱えながらも、家庭生活を営んでいけるような場所だったんですよと。

この写真14に写る寝室の白壁の下方に見える黒っぽい部分、ちょうどキャリーとその義父フェリックスが立っている二人のあいだの戸口の柱にくっきりと見えている黒っぽい部分ですが、それは、おそらく一九三三年の大嵐のときに起きた洪水の跡でしょう。

洪水で再び家が土台から浮き上がって海に流されないように、フェリックスが床板にドリルで穴を一つか二つ開けて工夫したのは、明らかです。

ベッドの下に置いてある籠《かご》の中にはジャガイモが入っているのかもしれません。

ビーズリ一家の生活は、多くの点で両親や祖父母たちの生活とそれほど異なってはいなかったのです。コリントンの住民が往々にしてそうであったように、ビーズリ一家にも屋内の水道や電話や電気はありませんでした。小さな薪ストーブで料理をしては、屋形船の家の中を暖めたでしょう。洗濯するときは、戸外で焚火《たきび》をして、その上に鉄鍋をかけて、その鍋の中に衣類を入れて洗いました。

子供たちの服は、リズィがたいてい手縫いで作りました。自分たちの体を洗うには、トタン板の桶を使いました。普段その桶は家の床下にしまってありました。夜になれば石油ランプを灯しました。一家にあったのは、写真14にある石油ランプ一つだけだった可能性もあります。

一家は、不要になった漁網で鶏小屋を作り、二、三羽の鶏を飼い、その一方で分葱《シャロット》と緑の葉野菜コラードが繁茂する野菜畑の手入れをしていました。

大恐慌下で毎日をしのぐために、ビーズリ一家と近所の人たちは、捕りたての魚や塩魚をたらふく食べたそうです。それに、重い物を上から落とす罠を仕掛けて小鳥を捕まえて食べたり、リスを捕えて食べたりもしました。リズィの子供たちの一人で、この写真〔写真14〕が撮られてから二、三年後に生まれていたジョー・ビーズリの記憶では、乾燥させた豆や薄焼きパン《ビスケット》に肉汁ソース《グレービー》をたっぷりかけて食べたそうです。

「そんなものだったけど、たくさん食べたわね」と、フェリックス・ビーズリの一番年上の孫ゼノラ・ビーズリ・ミヂェットが、そのころのことを思い出しながら語ってくれました。

ゼノラは、義母リズィより少し若いだけで、ビーズリ一家の屋形船の家の近くで育ちました。

ゼノラの甥ロッキー・ミヂェットが〔マサチューセッツ州の有名私立校〕アムハースト大学を卒業して一九四四年にゼノラにインタビューしています。そのとき、ゼノラは、ボディ島のキティホークから来た農民が、ときおり牛脇腹の生肉を売ろうとして一軒一軒まわって歩いていたのを憶えていると語っていました。

もちろん一九三〇年代に牛肉が買えるような漁民はほとんどいませんでした。ミルクもあまり飲みませんでした。コリントンのほかの人びとがそうであったように、ビーズリ一家には冷蔵庫がありませんでしたし、集落には氷室も氷の配達もありませんでした。母親や病気の赤ん坊にミルクの必要なときがあれば、子供が、ボディ島のナグズヘッドに行って、そこで乳牛を一頭飼っている女性から手桶一杯のミルクをもらってきたのです。

アメリカ南部の漁村・農村地域の例にもれず、大恐慌期のコリントンでは栄養失調で病気になるのはよくあることでした。たとえば、ゼノラ・ビーズリ・ミヂェットは自分の幼少期に、コリントン界隈には栄養不足でペラグラを病んでいた人が数人いたと回想しています。

ペラグラは、当時の南部の漁村・農村地域における風土病で、ゼノラの母親は、一九三〇年にペラグラで死亡しました。そのとき、ゼノラは一二歳でした。

大恐慌下のコリントンでは、たいていの医療を助産婦が施しました。子供でも大人でも、もし医者に診てもらう必要が生じれば、カリタック海峡の西にあるパウェル・ポイントか、あるいは、コリントンから南に一〇マイル［約一六キロメートル］離れたロアノーク島のマンテオに向けて郵便船が出されました。

ゼノラ・ミヂェットはインタビューで、郵便船の船長ジェシー・ミーキンズが島民を乗せてコリントンとマテオのあいだをただで往復させてくれていたと話しています。船長は、その航路を一日に一度往復しただけなので、乗船する人は、行った先で一泊して翌日の郵便船に乗って戻らなければならなかったそうです。

船長のミーキンズさんは、船で出かけられない人たちのために、町で薬や衣類や乾物を手に入れて運んでくれたそうです。

写真 15　フェリックスとリズィの近所の家族ロジャーズ一家、リトル・コリントン島の自宅の玄関先で。チャールズ・A・ファレル撮影。出典：Charles A. Farrell Papers, State Archives of North Carolina.

写真15では、アルヴァ・ロジャーズが右端に、その弟ピートが左端に座っています。その二人のあいだに座っているのは、おそらく二人の父親と兄でしょう。

家は贅沢なつくりとはとても言えるものではありません。窓には粗末な雨戸だけで、ガラスは入っていません。

定評のある建築史研究者ピーター・サンドベックは、ノースキャロライナ州東部を主たる研究地域としていて、私がファレルの写真を見せたとき、ロジャーズ一家の家のたたずまいに特別の関心を寄せました。

サンドベックが気づいたのは、大恐慌下

の漁民たちが製材された材木を購入することなどとうていできなかったにもかかわらず、ロジャーズの家は明らかに新築されたもので、壁板はのこぎりで挽かれてまだ間もない新しい木材だということでした。ところが、玄関ポーチの板の切り口が腐食しており、それは、自分たちが探して切った木材も一緒に混ぜて家を建てたからだと言うのです。

ロジャーズ一家の家は、厚い板をはり合わせて外壁にし、使われている板はどれも地元で製材されたあちこちに節のある粗野なものでした。「四隅の柱と敷居の横材と屋根になる平板で外枠をつくり、空いている面に板を縦に外側と内側の二重に並べた板壁、それは、はり合わせた外側の板の隙間が隠れるように内側にも板を並べてつくった板壁で、そういう板壁で囲まれた家づくりの好例」だったのです。

こうした家をつくるために、ロジャーズ一家の人びとは、自分たちで切り倒した木を、トラクターの後輪あるいは自動車の後輪の動力で回転する小さな円形のこぎりで挽いて、厚い板に製材していたのだろうと、サンドベックは考えました。ほんの少しの貯えと少しの単純な道具と自分たちの手で可能な「正真正銘、大恐慌期に典型的な家の建て方だ」と、サンドベックは結論づけました。

写真15の右下を見ればわかりますが、ロジャーズたちは、木の切り株を家の土台柱にしていました。

漁村で育った人なら誰に聞いても、子供のころ、漁師の使う道具をどのように使って遊んでいたか憶えているでしょう。網を広げておく網処《あみどころ》はジャングルジムとなり、浜に引き上げられている小船は砦となり、ビーズリ兄弟ジェイムズとラルフが遊んでいるように〔写真16〕、刺し網の重りは魔法のフープになりました。

写真 16 「フープと針金」で遊ぶビーズリー家のジェイムイズ・ルイスとラルフ兄弟、リトル・コリントン島で。古い針金の衣類ハンガーと刺し網の円い重りを使う「フープと針金」と子供たちに呼ばれた遊びをしているところ。チャールズ・A・ファレル撮影。出典：Charles A. Farrell Papers, State Archives of North Carolina.

コリントンの多くの子供たちにとって、少なくとも遠い過去の思い出に残っている、毎週一番の楽しみは、日曜日、教会の後の気ままな長い散歩でした。今や村の最長老になった人たちは、かつて島の子供たちがみんなで一緒に漫然と歩いたことを、幼かったころの大事な楽しみの一つだったと回想しています。

写真17　ライト兄弟の初飛行、ノースキャロライナ州キル・デヴィル・ヒルで。1903年12月17日。Library of Congress 所蔵。

日曜日という安息日に毎日の仕事や学校から解放されて、日暮れどきまで歩く。ときには立ち止まってブドウのつるにぶら下がったり、今やヒルトップ墓地になってしまった大きな砂丘で滑って遊んだりしながら、あちこち歩きまわったのです。

幼少のジェイムズとラルフは二人とも、フェリックス・ビーズリの孫でした。フェリックスには、最初の妻で一九一四年に他界したエレノラとフェリックスのあいだにできた［息子五人と娘一人の］六人の子供がいました。ファレルが島を訪れていたとき、フェリックスの子供たちとその家族はみんな、フェリックスとリズィの近くに住んでいました。フェリックスの息子五人は成長して漁師になっていました。娘クロウの夫ジョニー・T・ムーアも漁師でした。幼少のころからたくましいこの二人の少年ジェイムズとラルフもまた、いつかは海で生計を立てるようになっていくのです。

ここでちょっと寄り道をして、マスクラット［ニオイネズミ］と初飛行の話をさせてください。

フェリックス・ビーズリの義理の息子ジョニー・T・ムーアは、まだ幼いときにアウターバンクスで、意に反して有名人になるとでもいう経験をしました。ムーアは、ウィルバーとオーヴィル、いわゆるライト兄弟による初飛行を目撃できる五人のうちの一人だったのです。その初飛行は、一九〇三年一二月一七日に、リトル・コリントン島から東に一マイル〔約一・六キロメートル〕ほどにある、ボディ島のキル・デヴィル・ヒルズという高い砂丘で実施されました。

ムーアは一六歳でした。偶然にも、アウターバンクスの町の指導者がムーアを、名誉ある列席者の一人としてライト兄弟の初飛行記念式典に招待したのです。ムーアは、マスクラットの通るところを見つけに行かなくちゃならないからと言って、式に出るのを何度も拒んだそうです。

ムーアがマスクラットの移動する場所探しに時間をかけて成功したかどうかはともかくとして、ムーアたち島人は、マスクラットを捕る罠をたくさん仕掛けていました。

このネズミのような尻尾をもつ水生の齧歯《げっし》類動物を捕るために、人びとは、塩水湿原のなかを竿《さお》で小舟をあやつりながら、水面下にある巣の入り口に鉄の罠を仕掛けました。

罠の位置を示す目印は、湿原の草の茂みに固定された紐の結び目でした。その結び方は、それぞれの島人によって異なっていたので、罠の所有権を示す印になりました。島人たちは、マスクラットの毛皮を業者に売りました。その毛皮は、船で北のほうに運ばれて

写真18　居間でキャリーを膝に抱えるリズィ。二人の後ろには、傷つかないようにしわくちゃのテーブルクロスをかぶせた手回しの蓄音機とその上に白い陶器の水差しが置かれている。チャールズ・A・ファレル撮影。出典：Charles A. Farrell Papers, State Archives of North Carolina.

コートや帽子や手袋に加工されたのです。

地元の人びとのなかにはマスクラットを食べる人たちもいました。二年ほど前のことですが、リトル・コリントン島で開かれるフェリックス・ビーズリの子孫たちの集まりに私も出る機会を得たとき、フェリックスの孫たちは、かつての長老たちがマスクラットと葉野菜コラードの煮込み料理を好んでいたことを、懐《なつ》かしそうに話してくれました。

ビーズリ一家の唯一のぜいたく品である蓄音機は、フェリックスの弟で漁師のモリスが後で思い出して言うには、「もっとましな時代」の名残《なご》りだったというのです。アウターバンクスの北部では二〇世紀初頭のことですが、景気のよい年、とりわけシャッド

写真19　モリス（屋形船の家の前にリズィと共に）は、フェリックスの息子の少なくとも一人と同様に、雇用促進局（WPA）の仕事をしていた。チャールズ・A・ファレル撮影。
出典：Charles A. Farrell Papers, State Archives of North Carolina.

［ニシン科の魚］の立ち網漁で活気づく年が何年かあったようです。が、それはもう過去のことでした。

漁獲量が落ち込んだうえに、大恐慌に見舞われたときもビーズリ一家と地元の多くの家族は、どうにかこうにか、かろうじて生き延びたのです。

大恐慌期のコリントンに住む多くの人びとにとって、現金収入が確実に望める仕事は、雇用促進局（WPA）の仕事でした。それは、先にも少し触れましたが、ローズヴェルト政権下のニューディール政策の一環で、失業者と不完全就業者を救済するための公共事業を提供していました。

一九三〇年代には何百人、それどころか何千人というアウターバンクスの漁師たちが雇用促進局（WPA）に雇われて、道路舗装、橋の建設、土砂の流出防止工事、蚊の駆除作業、野生動物保全事業で働いていました。その賃金は一人あたり月平均で二一ドルでした。

［恐慌期には「贅沢品」と化していた］蓄音機、一般的にヴィクトゥローラと呼ばれていた蓄音機は、箱のなかに回転盤と拡声器を内蔵したものでした。ニュージャージー州キャムデンのヴィクター・トーキング・マシーン社が一九〇六年から製造していました。

ビーズリ一家はシカゴにある通販会社モントゴメリー・ウォードからその蓄音機を買いました。そのころ初めて、［同じくシカゴにある］シアーズ・ローバック社もそうであったように、モントゴメリー・ウォード社も商品カタログの郵送に最善を尽くして、アウターバンクスのように都会から遠く離れた場所でも消費者が商品を購入できるようになっていました。経済的に困難な時代でさえ人びとが何でも購入できるように、通販会社は現金による頭金支払いを要求せず、分割払いも月五ドルという少額でした。

一九三九年にモリスが客人に話したところによれば、ビーズリ一家はヴィクトゥローラを一四五ドルで買ったそうです。その金額は、絶好期にあった漁師の家族にとっても大金でした。それはおそらく一九二〇年代のことで、ニューヨークの証券取引所で大暴落が始まり、漁業の勢いが下降していく時期より以前のことでしょう。

モリスが話した相手の客人というのは、ノースキャロライナ州エリザベスシティ出身で後世に語り伝えられる新聞記者W・O・ソーンダーズでした。その客人にモリスが語ったところによれば、ヴィクトゥローラでリズィが一番好んで聴いた曲は、「J・E・メイナーのマウンテニアーズ」というグループが演奏する「もう恋人どうしじゃないんだな」でした。

メイナーは、綿織物工場の労働者で、カントリー・ミュージックを演奏するヴァイオリン弾きでした。ノースキャロライナ州コンコード生まれのメイナーは、一九三〇年代にノースキャロライナ州とサウスキャロライナ州のラジオ番組で演奏しました。わずかでしたが、レコードもありました。

リズィ・ビーズリの好きな歌の最初の二節はこんな具合です。

よく俺を愛してるって、言ってたな。
でも、もうお前は行っちまった。
俺がどんだけ寂しがってるかもわからずに。
もう恋人どうしじゃないんだな。

俺は悲しくって寂しいんだ。
もうお前が行っちまったから
ここは寂しいところさ
もう恋人どうしじゃないんだな。

写真20 「いい人」アイヴィ・ビーズリ。おそらく屋形船の家のそばの小路で。チャールズ・A・ファレル撮影。出典：Charles A. Farrell Papers, State Archives of North Carolina.

モリスが新聞記者に語っていたのは、フェリックスが死んだ翌年でした。フェリックスは、チャールズ・ファレルがコリントンで写真を撮ってから二、三か月後に他界していたのです。

多難な時代でした。幼いアイヴィー・ビーズリは、やがて家族を養う責任を部分的であれ背負うことになります。

「アイヴィは、七歳か八歳のころにカニや魚を捕まえに出かけてたよ」と、ロアノーク島の住民でアイヴィの未亡人となっていたキャロル・ジョンソンが話してくれました。「アイヴィは、小舟を押すことができるようになると、お金を稼ぐために出かけるようになってたわね」と。

つい先日、ある日の午後、私がアイヴィの家族や近隣の人たちと過ごしているときのことです。誰もがアイヴィのことをほとんど聖人であったかのように話していました。アイヴィは、決して酒を飲まなかったし、煙草も吸わず、いつでも困っている人の面倒を看ていたそうです。

アイヴィの義理の妹ビー・ロリンズは、「清らかさのある人だったわ」と話してくれました。アイヴィの言葉は、いつも「心のこもったものだった」と話してくれたのです。

写真21　ビーズリー家（リズィ、キャリー、アイヴィ、フェリックス）。チャールズ・A・ファレル撮影。出典：Charles A. Farrell Papers, State Archives of North Carolina.

アイヴィは生涯、母親リズィと姉キャリーのために尽くしました。

自由気ままで酒に強い家族のなかでアイヴィがどんな具合に育てられたかをよく理解しているキャロルは、ただ頷《うなず》きながら、「アイヴィはいい人だった」と語りました。

アイヴィ・ビーズリは、二〇一〇年に八一歳で亡くなりました。妻キャロルと六人の子供のほかに孫二〇人、ひ孫一四人がアイヴィを見送りました。

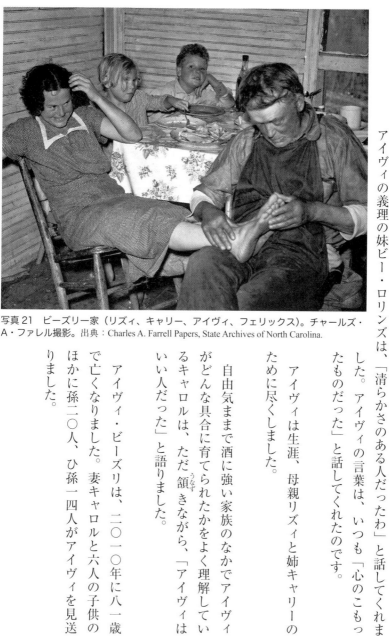

3 チョウワン川のニシン漁と生活者たち

写真22　ニシンのハラワタと頭を取り除く作業中の女性たち。おそらく1937～1941年ころ。ペリー-ベルチかキャノンズ・フェリー漁場で。チャールズ・A・ファレル撮影。出典：Charles A. Farrell Papers, State Archives of North Carolina.

二、三年前のこと、私は、チャールズ・ファレルが撮ったニシン漁関連の古い写真を箱に入れて、写真の撮られたチョウワン川流域の集落の一つに持って行きました。写真はどれも情感にあふれた美しいもので、そこに写し出されているニシン漁に携わる人びとの姿は心に残るものでした。ただ、写真に写る光景や人びとは今やすでに存在しないわけですから、少々もの寂しい気分にもなりました。

ファレルがこれらの写真を撮ったのは、一九三七年から一九四一年なのです。そのころファレルは、ノースキャロライナ州の大西洋岸を訪ねて漁村の様子を写真に記録していました。その写真は現在、ノースキャロライナ州の州都ラリーにある州立古文書館に所蔵されています。

写真 23　ニシンを捌《さば》く人。ノースキャロライナ州バーティ郡メリーヒル近くの寺ピン・ポイント漁場で。1937 ～ 1941 年ころ。チャールズ・A・ファレル撮影。出典：Charles A. Farrell Papers, State Archives of North Carolina.

チョウワン川のあたりに写真を持参したとき、私は、写真に写っている人や、写真が撮られた時点なら誰もがよく知っていたニシン漁場での作業状況などについて、何か話してくれる人を見つけたいと思っていました。

何千年ものあいだニシン漁は、チョウワン川での重要な営みでした。チョウワノウクというアルゴンキン語を話す先住民部族の人びとは、何世代にもわたってニシン漁をしていました。それより以前にもほかの先住民の人びとがニシンを捕っていたのです。

イギリス人たちも、この土地を占拠したとき、ニシンを捕りました。そして、一八世紀半ばには川漁で商いを始めていました。アフリカ生まれで奴隷として働かされていた人びととその子孫たちが、大半の漁業の仕事に海でも陸でも携わっていたのです。

一八世紀末からほぼ二〇世紀末まで、この川はアメリカ合衆国でも有数のニシン漁の漁場でした。ここが

写真 24（上） ノースキャロライナ州コルレインのペリー - ベルチ社でニシンに塩をまぶす二人の男たち。写真 25（下） ノースキャロライナ州コルレインのペリー - ベルチのニシン漁光景。上下ともに 1937 ～ 1941 年ころ。チャールズ・A・ファレル撮影。出典：Charles A. Farrell Papers, State Archives of North Carolina.

世界的に最大のニシン漁場だった時期もある、と言う人もいます。その地元の漁民たちが川で何百万匹ものニシンを捕った時期もあったと言うのです。

一八七八年から一八八三年の五年間で、チョウワン川の一つの漁場で一五〇〇万匹ものニシンが捕れたそうです。

それから約一〇〇年後、ニシンはまだ川に来ていました。一九九〇年代のこと、私の敬愛する歴史研究者の一人アリス・イーリー・ジョーンズを訪ねてチョウワン川の集落に行ったときのことを鮮明に憶えています。そのころアリスは、［地理的にノースキャロライナ州の中央部にある］ラリーとダーラム両地域に長年住んでいましたが、チョウワン川上流にある生まれ故郷マーフリーズボロに戻っていました。私が訪れた日、アリスと一緒に川と入り江に沿ってあちこち車でまわっているあいだ、アリスはその地域におけるニシン漁の歴史的な重要性をいろいろ話してくれました。

「川の流れを滞らせるほど魚がたくさんいたのよ」とアリスは言うのです。幼かったときのことを思い出して、「水浴びをしていてヴォーン入り江《クリーク》に入ると、手やバケツで魚を捕まえることができたわ。一匹や二匹じゃないの。何百匹という魚がいたのよ！」と。

続けてこうも言いました。

「誰もがニシン漁をしていたわ。タモ網を持ってる人もいれば、籠《かご》を持っている人もいてね。みんなここに来て魚を捕ってね、川原で捌《さば》いてフライにしたのよ。教会のみんなでね。集落全体の催し物、互いの親睦、共同体の営みだったわ」と。

チョウワン川沿いの人びとの暮らしは変わりました。二〇世紀に入るとニシン漁は徐々に減少し、一九八〇年代から一九九〇年代にはすっかり駄目に

写真26　ノースキャロライナ州コルレインのペリー - ベルチでの魚卵缶詰作業。白人女性労働者たち。1937 ～ 1941 年ころ。この当時はどこでもそうであったが、漁業の会社でも仕事は、人種別および性別で分離されていた。チャールズ・A・ファレル撮影。出典：Charles A. Farrell Papers, State Archives of North Carolina.

写真27　ノースキャロライナ州チョウワン川での作業。1937 ～ 1941 年ころ。間近で見るニシンのハラワタ除去作業。この作業に長年従事した女性は、ニシン一匹を即座に捌いた。作業の速い人は、1 日 1 万匹を捌き、賃金は 1000 匹につき 1 ドルだった。チャールズ・A・ファレル撮影。出典：Charles A. Farrell Papers, State Archives of North Carolina.

写真28　漁師と思しき男性。ノースキャロライナ州コルレインのペリー - ベルチ社で。1937～1941 年ころ。チャールズ・A・ファレル撮影。出典：Charles A. Farrell Papers, State Archives of North Carolina.

写真29　ニシンの魚卵缶詰作業。ノースキャロライナ州コルレインのペリー - ベルチ社での魚卵缶詰作業、黒人男性労働者。1937～1941 年ころ。チャールズ・A・ファレル撮影。出典：Charles A. Farrell Papers, State Archives of North Carolina

なっていました。それは、深まる水質汚染と生息環境の深刻な劣化と消失、それに河川と大西洋岸でのニシン乱獲が加わって招いた不運な結果なのです。

このままじゃどうにもならないと判断して、州当局はついに二〇〇七年にニシン漁に終止符を打ちました。こうしてこの地の歴史で初めて、チョウワン川でのニシン漁が法的に禁じられたのです。州当局は、ニシン漁がなくなれば、ニシンが自力で復活するかもしれない、と考えたわけです。ニシン漁は、チョウワン川および州内の河川で今も禁止されています。

チャールズ・ファレルの写真によって私たちは、今とは異なる一昔前《ひとむかしまえ》の状況を知ることができます。それは、川の汚染が解消さえすれば、あたりがどのような光景になるかを示してくれています。ファレルがチョウワン川界隈を訪れていたときにはまだ、毎年冬も終わりになるころ、大西洋からニシンの大群が移動してきて、アルバマール海峡に流れ出る数々の川を遡上し産卵していたのです。

このあたりで操業していた水産業の会社では、捕りたてのニシンを塩漬けにして、魚卵は缶詰にして広く出荷していました。その一方で、ニシンは、川の沿岸地域に住む人びとに欠かせない食料でもありました。

写真30　男性労働者。氏名も場所も不明。おそらくアルバマール海峡かキャシー川河口と思われる。1937～1941年ころ。チャールズ・A・ファレル撮影。出典：Charles A Farrell Papers,State Archives of North Carolina.

写真31　ノースキャロライナ州コルレインのペリー - ベルチでのニシン捌き風景。1937～1941年ころ。チャールズ・A・ファレル撮影。出典：Charles A. Farrell Papers, State Archives of North Carolina.

写真 32　ニシン漁労働者と思しき若い女性たち。ノースキャロライナ州コルレインの船着き場で。1937 ～ 1941 年ころ。二人の後ろの船ハッテラス号は、州のニシン漁業偵察船。その船長トム・バスナイトはロアノーク島住民で、チョウワン川探索にファレルを乗船させてくれた。チャールズ・A・ファレル撮影。出典：Charles A. Farrell Papers, State Archives of North Carolina.

ニシンが十分に捕れずに生活が困窮したとき人びとが、どのように毎日を凌《しの》いだのか、私にはわかりません。ニシンの捕れたころなら、だいたいどの家庭にも冬に備える塩漬けニシンの樽が一つか二つあったので、家族によっては、生活の苦しい時期もそのニシンさえあれば、一日三食をなんとか凌《しの》ぐことができたのです。

大西洋岸に近い地域に住む老齢の知人たちは、自分たちが若いころのことを思い出しながら、チョウワン川までニシンの買い出しのために遠出したものだ、と話してくれました。復活祭の月曜日《イースター・マンデー》には、お祭り気分の漂うニシン漁場に多くの家族が出かけたそうです。農民たちは、荷車をもってきて、「捨てられる魚」や臓物《ぞうもつ》を買って、地元に持って帰ると、畑の肥料に使ったのです。

現金でニシンを買う人びともいれば、ニシンを、自分の畑で採れたとうもろこしや自分で作ったカントリーハムや［葉野菜］コラード一皿と交換して、持ち帰る人びともいました。

魚を捕る漁師にとってもニシンを捌《さば》く労働者にとっても、ニシン漁の仕事は季節労働でした。ニシンの産卵期は二月半ばから五月にかけて約三か月だったのです。それ以外の時期、男たちは農場か製材所の仕事をしました。ファレルの写真［たとえば写真31］に写っているようなニシン捌《さば》きの仕事をする女性の多くは、ニシン漁の仕事がない時期になると、家政婦業をしたり誰かの農場で働いたりしていたわけです。

写真33　ノースキャロライナ州コルレインで。1937〜1941年ころ。ニシンを捌く労働で暮らしが楽になることはなかったが、毎晩の食事に新鮮なニシンを持ち帰れたり、その年のニシン漁の終わりには塩漬けを樽ごともらったりすることで元気づいた。生活困窮の時期にニシンは家族にとってかけがえのないものだった。チャールズ・A・ファレル撮影。出典：Charles A. Farrell Papers, State Archives of North Carolina.

この章で紹介している写真の多くは、チョウワン川沿いの二つの場所で撮られたものです。一つは、ニシン漁のペリー＝ベルチ社で、それは、大西洋に面するバーティ郡のチョウワン川西岸にある小さな町コルレインにありました。その所有者と社名は、［A・T・ベルチの死後］一九五二年に変更され、多くの地元の人びとは、その水産業の会社を今ではペリー＝ウィン社の名で記憶しています。

写真34　ノースキャロライナ州コルレインのペリー＝ベルチで。1937〜1941年ころ。女性たちはニシンを引き寄せるために柄の長い熊手を使った。チャールズ・A・ファレル撮影。出典：Charles A. Farrell Papers, State Archives of North Carolina.

もう一つの場所は、キャノンズ・フェリーと呼ばれるニシン漁の漁場の岸辺で、チョウワン川の東側、チョウワン郡にあるタイナーという集落の西端にあります。

チョウワン川の漁場の写真のほかに、私は、ファレルが訪れたノースキャロライナ州大西洋岸の他の三つの漁場の写真も含めてここに紹介しました。その漁場は、イーデントンの近くのブリッケル漁場、キャシー川の河口にあるテラピン・ポイント漁場と、ロアノーク川沿いの町プリマスにあるキティホークかスレイド漁場です。［先の二つを含めて］これら五つの漁場は、どれも二五マイル［約四〇キロメートル］以内にあります。

＊　＊　＊

チャールズ・ファレルの写真で私が最も興味をそそられるのは、女性と子供が漁業にとっていかに重要な役割を担っていたかを、ファレルが忘れていなかったということです。漁場をめぐりながら、ファレルは、漁村で生活する男性にも女性にも、それに子供たちにも注意を払っ

写真 35　ノースキャロライナ州メリーヒル（バーティ郡）のテラピン・ポイント漁場。1941 年 5 月 5 日。この漁場は、南北戦争以前にウィンストン一家によって創設された。1930 年代に漁業の仕事がない時期、漁民の多くは、漁業経営者の所有する林業の二つの会社で働いた。この写真では漁民が船着き場の先端で地引網を引いているのがわかる。チャールズ・A・ファレル撮影。出典：Charles A. Farrell Papers, State Archives of North Carolina.

写真 36　1 人の労働者。ノースキャロライナ州メリーヒル（バーティ郡）のテラピン・ポイント漁場で。1941 年。チャールズ・A・ファレル撮影。出典：Charles A. Farrell Papers, State Archives of North Carolina.

ていたのです。

それゆえ、大規模漁業の様子を撮ったほかの写真家の写真では、以前は、というか今日でさえ、あまり見られないような場面を、ファレルの写真では見ることができます。ファレルは、単に漁で生活する男たちを訪ねたのではないし、船と網を操る男たちの写真を撮っていただけではないのです。

それどころか、ファレルは、魚を捌《さば》き魚卵を缶に詰め、エビの殻をむき、漁網の修繕をし、牡蠣の殻をむくといった仕事をしていた女性と子供にもカメラのレンズを向けたのです。それは、一九三〇年代あたりはもちろん、今日でさえも、非常にまれなことです。

確かなことはわかりませんが、働く女性に注目したファレルの姿勢には、その妻アンの影響がどれほどか働いたのだろうと私は考えたものです。ノースキャロライナ州の漁村を記録しようとする仕事は二人の共同作業でした。それは、その後の二人の余生にも言えることでした。

アン・ファレルは、写真というものに精通していました。ファレル夫妻はノースキャライナ州［中部、ピードモントの都市］グリーンズボロで写真備品店を経営していて、アンはその共同所有者でした。しかも、一九四〇年代にチャールズ・ファレルの病気が悪化してからもアンは店の経営を続けました。チャールズが漁村を訪れるとき常に同行したわけではありませんが、アンはしばしば共に訪れていました。

写真37　ファレルは1939年4月にノースキャロライナ州プリマスの西、ロアノーク川河畔のロイ・ハンプトンの漁場を訪れた。この写真の漁師たちは、船の錨《いかり》や重いロープを引き上げるときに使われるような手動の巻き上げ機を使って網を引いている。ハンプトンの息子によれば（Charles L. Heath, Jr. の修士論文からの引用、East Carolina University, 1997: https://thescholarship.ecu.edu/handle/10342/8793）、この漁場で働く男女は、マーティン郡のハイ・パイニーという集落の出身で、漁業シーズンにはプリマスに住んでいたという。チャールズ・A・ファレル撮影。
出典：Charles A. Farrell Papers, State Archives of North Carolina.

州立古文書館でチャールズ・ファレル・コレクションの写真に目を通してみて、私に言えることは、チャールズではなくアン自身が写真を撮ることもあったということです。なぜなら、チャールズの写っている写真があるからです。もちろんアン・ファレルがどれほど写真を撮ったかはわかりません。それでも、今チャールズ・ファレルの作品とされている海岸地方の写真には、アンがときおり撮っていた写真も含まれているだろうと思われます。もちろんこれも実際にはわからないことなのですが、何を撮るかを選択するにあたってはアンがときおり夫チャールズに影響を与えていた可能性もあるでしょう。

ファレルの写真を見て気づかされたことは、ニシン漁の主役が［一九三〇年代になっても］アフリカ系アメリカ人たちだったということです。それ以上のことはここでは述べないことにしておきます。写真をご覧いただけば、それは自明のことだと思われます。

写真38　ロイ・ハンプトンの２つの漁場（ノースキャロライナ州プリマスのキティホークかスレイドの漁場）のいずれか。1939年４月。漁師は二つの船のあいだに網を広げ、写真37に写されている巻き上げ機で網を引き揚げる。川の上流にはノースキャロライナ・パルプ社の工場がある。写真が撮られる２年前に建設され、プリマスの経済発展が始まったものの、その繁栄は犠牲を伴っていた。ロイ・ハンプトンは、硫黄酸化物を含む回収もれのパルプ廃棄物をロアノーク川に流して漁場汚染の原因になっているとして、パルプ会社を相手に長期にわたって争った。チャールズ・A・ファレル撮影。出典：Charles A. Farrell Papers, State Archives of North Carolina.

これらの写真の背景について詳しく説明してくれる人びとをもっと見つけることができるだろうと思っていましたが、残念ながら期待どおりにはいきませんでした。ここ数年、私はファレルの写真を持参して、写真の撮られた漁村を訪れるたびに、ファレルの写真に写る人びとの家族に見てもらっていたのです。

写真39　疲れた顔の労働者。ノースキャロライナ州イーデントン南東部のアルバマール海峡のブリックル漁場で。1937-1939年ころ。ファレルがこの地を訪れたときには変化の兆しが見えていた。漁師は漁網を引く綱を自動車の後輪軸につなげていた。馬やロバは使われていず、手動の巻き上げ機も使われていなかった。チャールズ・A・ファレル撮影。出典：Charles A. Farrell Papers, State Archives of North Carolina.

さらに私は写真を、当時の漁業を知っている地元の水産会社の漁師や他の漁村の人びとにも見てもらいました。その人たちの洞察力の助けを得て、写真のなかの状況が何を意味するのかを、これまで理解することができたのです。

とはいえ、時代は過ぎていき、過去の声を捕まえようとしてもなかなかそうはさせてくれない現実もあります。これまで私は、ノースキャロライナ州北東部のチョウワン川

写真40　糸杉のカヌーでニシン漁をする漁師。ノースキャロライナ州プリマス近くのロアノーク川で。ニシン漁となると、誰にもそれぞれ最適なやり方があった。プリマス近くのシュガーヒルにあるような黒人集落の漁師たちは、自分でカヌーをつくり流し網で捕獲したニシンを川原で売るか、子供たちが近くの町で個別訪問販売をした。チャールズ・A・ファレル撮影。出典：Charles A. Farrell Papers, State Archives of North Carolina.

写真41　ファレルが訪れていた固定刺し網漁の漁場。ノースキャロライナ州イーデントンの岸べ。1937-1939年ころ。チャールズ・A・ファレル撮影。出典：Charles A. Farrell Papers, State Archives of North Carolina.

流域や他の漁場で撮られた写真について話してくれるかもしれない人びとをもっと見つけることができると思っていましたが、先にも述べたように、それはできませんでした。でも、まだあきらめたわけではありません。誰かこのフォトエッセイを読んだ人が、「おやおや、ダフネ大おばさんの話を聞いてないの？」と言って、何か知らせてくれるかもしれませんから。

写真 42　ニシン漁労働者。おそらくノースキャロライナ州メリーヒル（バーティ郡）近くのテラピン・ポイント漁場で。1937-1939 年ころ。漁獲と漁獲のあいだニシンの仕事がないとき女性たちはときには居眠りができた。多くの漁場では夜も昼も作業が続いた。チャールズ・A・ファレル撮影。出典：Charles A. Farrell Papers, State Archives of North Carolina.

＊　＊　＊

キャノンズ・フェリーは、今やゴーストタウンのようになっています。つい二、三年前のこと、私は、ファレルの写真に写った人びとのことを知っている人がもっといるかもしれないと思って、探しながらチョウワン川に沿って車を走らせたことがあります。小さな板張りの遊歩道があって、そこにニシン漁のことを書いた標識がありました。そこから見る川の風景も見事でした。それ以外に今思い出せるのは、空家、波止場の杭、コンクリートブロックの建物くらいです。

車を走らせながら、このときも私は、一九三〇年代にキャノンズ・フェリーで働いていた生存者、少なくともその子供たちか孫の世代の人びとで写真について教えてくれる人を見つけたいと思っていました。

もし見つかったら、ひとしきり座り込んで、どんな具合だったかを話してほしいと思いました。

写真43　若い夫婦。ノースキャロライナ州バーティ郡のキャシー川河口近くの漁場で。1937-1939年ころ。チャールズ・A・ファレル撮影。出典：Charles A. Farrell Papers, State Archives of North Carolina.

そのあたりにいるとき、私は川から上がったばかりの地元漁師の一団に遭遇しました。その人たちがしていたのは、ニシン漁ではありませんでした。ファレルが撮ったチョウワン川界隈の写真を、その人たちの小型トラックの上に並べて、一緒に見ました。楽しいひとときでした。

ニシン漁について何か話すことがあったはずですが、人びとは、写真に写った人が誰かわかると、そのたびに口ごもり、「ええっと、この人たちはもうずっと前に死んでる」とか、「その人の家族はずっと前にどこかに引っ越してしまったさ」とか、言うだけでした。

キャノンズ・フェリーは美しいところです。もちろん今や、古い家々は見捨てられ、漁場に残っているのは、古い杭と釣り小屋の残骸です。広い川面は暗く、川岸に見えるのは糸杉ばかりです。誰でもここに立てば、荘厳で神秘的で野性的などこかの淵にいるような気がすることでしょう。

私が川を眺めていたのは夕暮れで、まるで闇のなかにいるようでした。北方の大湿原グレイト・ディズマルにつながる湿地帯の端に沿って糸杉の湿原が限りなく続いていました。

私は車に乗って家路につく前に、その湿原に向かって少しばかり歩きました。数か所、漁業拠点であったと思しきところを通り過ぎました。ホイッパーウィル夜鷹の鳴き声がさほど遠からぬところから聞こえてきました。ファレルの写真に写った人びとのことを考えました。その誰もが興味深く美しく写し出されていました。川岸を歩きながら、その人びとの鼓動が聞こえてくるような気がしました。

4　写真家ファレルの生涯——なぜ出版が実現しなかったのか

写真44　ノースキャロライナ州マンズ・ハーバーで。1937-1939年ころ。チャールズ・A・ファレル撮影。出典：Charles A. Farrell Papers, State Archives of North Carolina.

この数年間、私は、一九三〇年代末から一九四〇年代にかけてノースキャロライナ州の大西洋岸に点在する漁村の風景を撮ったチャールズ・A・ファレル〔以下、前章と同様にAを省略〕の写真に注目して、一連のフォトエッセイを書いてきました。

この章では、シダー島、ワンチーズ、マンズ・ハーバー、それにほかの二つの漁村でファレルが撮った写真をお見せしたいと思います。

この章の目的はほかにもあります。それは、私がファレルの写真でフォトエッセイを書き始めたときに最初にすべきことだったのかもしれません。ただそのころの私は、ファレルの写真に写る人びとや風景を私たちが理解しようとする矢先に、そんなことをすれば、理解の妨げになるのではないかという懸念をもっていました。

写真45　ニシン漁の漁師。ノースキャロライナ州コルレイン近くのチョウワン川で。1937-1939年ころ。チャールズ・A・ファレル撮影。出典：Charles A. Farrell Papers, State Archives of North Carolina.

とはいえ、今は、チャールズ・ファレルの素晴らしい写真がなぜ公表されてこなかったか、なぜファレルとその写真が長年忘れられていたかを説明する時期が来たと考えています。

＊　＊　＊

その話は、ファレルが、ときには夫チャールズに同伴した妻アンと二人で、ノースキャロライナ州の大西洋岸の田舎道を旅し始めた一九三〇年代にさかのぼります。

そのころ、二人はノースキャロライナ州〔中部、ピードモント地方の都市〕グリーンズボロに住んでいて、美術備品とカメラを販売する、アート・ショップという名の写真館を経営していました。そして、暇な時間ができると、大西洋沿岸地域を訪れていました。

チャールズ・ファレルがなぜノースキャロライナ州の漁村に心を寄せたか、私にはわかりません。チャールズの父親は、放浪する鉄板写真家で、南北戦争後、往々にして写真機など見たことがないという人びとの肖像写真を撮りながら、集落から集落へと旅してまわっていました。

チャールズの父親が漁村を訪れていたから、息子であるチャールズがそれにすっかり夢中になったのか、父親が語る放浪の旅の話を聞いて育ったことで、チャールズがそういう集落を訪れるようになり、その魔力に取りつかれることになったのか、私はいろいろ考えてみました。それでも私には確かなことは何もわかりません。

写真46　ノースキャロライナ州沿岸に姿を見せた最後の帆船（スクーナー）の一つ。カリタック海峡で。1937-1939年ころ。チャールズ・A・ファレル撮影。出典：Charles A. Farrell Papers, State Archives of North Carolina.

私にわかっていることは、チャールズ・ファレルが何度もこれらの漁村に足を運んだということです。まるで、自分が海岸のどこかで失くした自分の一部を探してでもいるかのように。

ファレルが州内のいくつもの漁村を訪れては写真を撮って記録するという生活を始めたのは、一九三六年か一九三七年のことです。

ノースキャロライナ州大西洋岸に住んでいる人、あるいは、そのあたりをよく訪れる人なら、ファレルが訪れた場

写真47　ボラの卵の天日干し。ノースキャロライナ州ブラウン島（オンスロウ郡）で。1938-1941年ころ。チャールズ・A・ファレル撮影。出典：Charles A. Farrell Papers, State Archives of North Carolina.

所のことを知っているでしょうし、その地名に聞き覚えがあるかもしれません。それは、ビューフォート、サウスポート、ナグズヘッド、マンテオ、イーデントンといった地名です。

ファレルが訪れた場所のなかには、あまり知られていない地名もあります。たとえば、テラピン・ポイント、コルレイン、ブラウンズ島、マリンズ、スタンピー・ポイント、それに加えてすでにもう地図上には存在しない地名もあります。そのなかには、一九三〇年代には州内で有数の漁場だった場所も含まれているのです。

ファレルの作品で私が感動する最大のポイントは、先の章でも少し述べましたが、ノースキャロライナ州の歴史を記録する写真にほとんど登場しない人びとをファレルが注視してきているということです。それは、女性、子供、老人、それに一見して白人には見えないアフリカ系や先住民や、一見して人種の見分けがつかない混血の人びとの存在です。

そのうえ、ファレルは、ほかの写真家なら行かないようなところにまでカメラを持ち込んでいました。それは、缶詰作業所や集魚場《フィッシュ・ハウス》の中、食堂や、漁船のエンジンルーム、塩漬け作業所、屋根裏の漁網置き場、それに飯場《はんば》といったような場所で、ファレルが、海で生計を立てる人びとが居ると感知して見出だした場所です。

ファレルの写真は今も、州都ラリーの州立古文書館に保存されており、二〇世紀前半の州内の漁村の姿の全容を見せてくれます。

写真48　おそらくテイラーさん一家の親子。ノースキャロライナ州シーレヴェルで。1935-1940年ころ。チャールズ・A・ファレル撮影。出典：Charles A. Farrell Papers, State Archives of North Carolina.

写真49　雑貨店の戸口で少年と母親と思われる女性。ノースキャロライナ州のおそらくナグズヘッド、可能性としてはデア郡のどこか。1938-1939 年ころ。チャールズ・A・ファレル撮影。出典：Charles A. Farrell Papers, State Archives of North Carolina.

＊　＊　＊

一九三〇年代末のこと、ファレルは、ノースキャロライナ大学出版会の編集主任ウィリアム・カウチとの契約に署名して、ノースキャロライナ州の漁村風景を特集する本を出版することになっていました。しかし、ファレルは、その本を完成しませんでした。ファレルの写真は、他の出版社からも本の形で出版されることはありませんでした。何十年ものあいだ、現像された写真とネガは箱に入れられたまま忘れ去られ、おそらくファレルの家かグリーンズボロの店に置かれていたのです。

ファレルは、写真家としての才能に恵まれてはいたものの、［その出版には］書き手としての才能も必要だということにやがて気づくのです。ファレルとカウチが考えていた写真集は、写真と文章を織り交ぜたものだったからです。

実はそのころのファレルには、それ以外にも進行中のことがありました。それは、私が、ファレルの写真を紹介する最初のフォトエッセイを書く準備をするべく、ファレルの一

写真 50　ハマグリの熊手。ノースキャロライナ州シーレヴェルで。1935-1940 年ころ。チャールズ・A・ファレル撮影。出典：Charles A. Farrell Papers, State Archives of North Carolina.

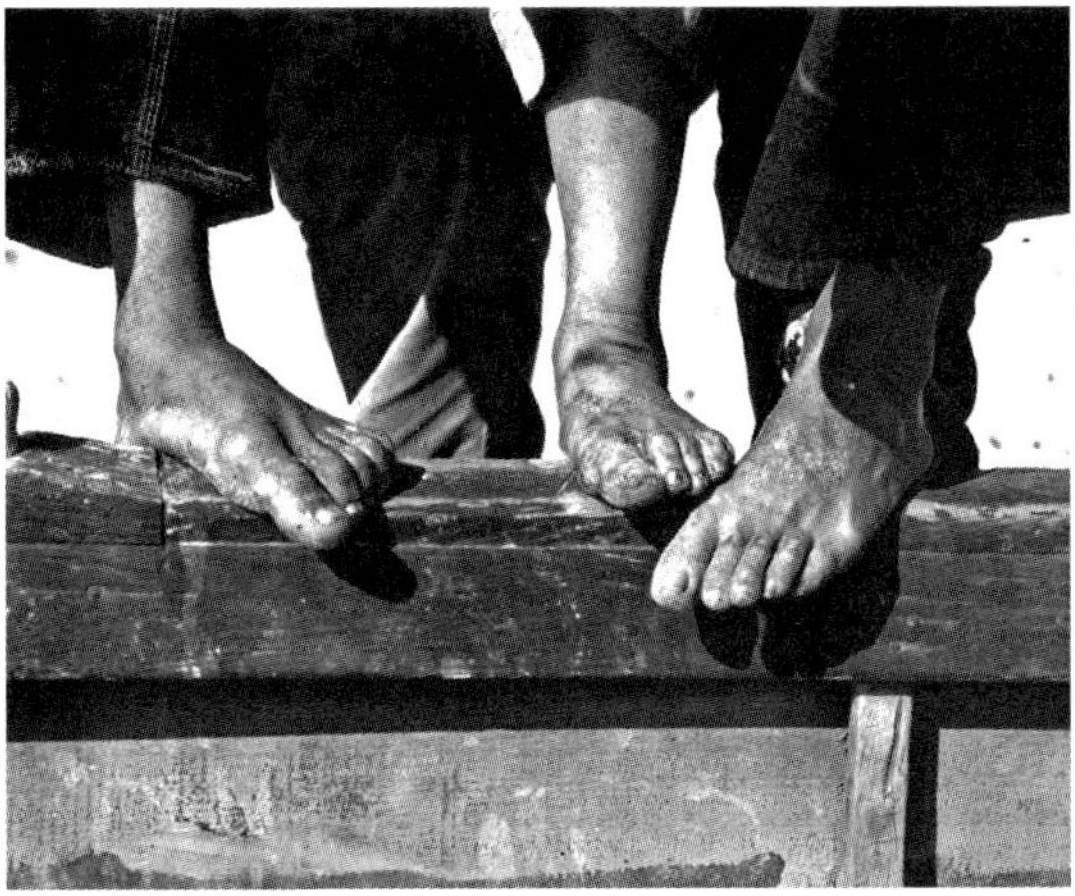
写真 51　ボラ漁師の足。ノースキャロライナ州ボールド・ヘッド島で。1938 年。チャールズ・A・ファレル撮影。出典：Charles A. Farrell Papers, State Archives of North Carolina.

生について調べていたときに気づいたことなのです。

その私の最初のフォトエッセイは、「ボラを見る眼——チャールズ・ファレルの写真」と題されています。その最初の部分で、私は、ファレルが一九三八年にブラウン島のボラ漁場で撮ったいくつかの写真に注目しました。

その最初のフォトエッセイの初稿は、ノースキャロライナ大学チャペルヒル校のアメリカ南部研究センターが発行している学術誌『サザーン・カルチャー』に所収されました。

そのころ「最初のフォトエッセイを準備しているときに」私が気づいたのは、海岸地域の写真集を本にしようとしていたファレルが、自身の能力を徐々に奪っていく精神的な病魔と闘っていたということでした。

その病魔の存在について私は、ファレルの家族に教えてもらいました。ファレルの妹、息子の一人、甥の一人に会っ

写真52　ボラ漁の拠点を訪れた若きエリザベス・テイラー（後にターナー）。ノースキャロライナ州ブラウンズ島（オンスロウ郡）で。1939年ころ。私が、99歳のエリザベスに会ったとき、エリザベスはこの写真のことを鮮明に憶えていた。写真ではエリザベスの後ろの小屋の板壁に小魚スポットが天日干しされている。チャールズ・A・ファレル撮影。出典：Charles A. Farrell Papers, State Archives of North Carolina.

写真53　ノースキャロライナ州サウスポーとで。1938年。元メンヘーデン（大型ニシン）漁師で、私が自宅を訪れたときには93歳になっていたチャールズ・<ピート>・ジョイナーは、写真の子供たちと遊んだものだと話してくれた。子供たちは、波止場で遊びまわっていて、エビ漁の船が来ると荷下ろしを手伝った。母親たちがエビの殻をむくのを作業場で手伝いもしたという。チャールズ・A・ファレル撮影。出典：Charles A. Farrell Papers, State Archives of North Carolina.

写真54　斜めに帆をあげた小舟で海峡に出ようとする家族。ノースキャロライナ州ワンチーズで。1937-1939年ころ。チャールズ・A・ファレル撮影。出典：Charles A. Farrell Papers, State Archives of North Carolina.

て話を聞いたときのことです。その人たちは、チャールズ・ファレルについて自分たちが憶えていることを惜しげもなく話してくれました。それは、話しづらいこと、少なくとも息子さんにとってはつらいことだったはずですから、話してくれたことに私は今も感謝しています。

ファレルの患った精神的病魔について私は、グリーンズボロ歴史博物館に家族史料として所蔵されている手紙や日記などからも多くのことを知ることができました。

写真55　エビの殻剥き作業場で働く人びと。ノースキャロライナ州サウスポーとで。1938年。チャールズ・A・ファレル撮影。出典：Charles A. Farrell Papers, State Archives of North Carolina.

それでも、その病気の特質を十分に理解したとは言えません。私にわかっているのは、ファレルが一九四〇年代初頭の時点では頑張って本の出版準備をしていたということです。ファレルはそのころ、初めて何かを書こうとしてペンを執ったのです。そのことは、ノースキャロライナ大学チャペルヒル校の南部史料コレクションに所蔵されている、ファレルが「ノースキャロライナ大学出版会の」編集者と交わした一連の書面から明らかです。

ところが、それから二、三年後の一九四八年にファレルの写真集出版には終止符が打たれることになりました。その年、ファ

写真 56　刺し網を修繕しているアン・ミルズ・ノートン・ウィギンズ。ノースキャロライナ州スニーズ・フェリーで。1936-1939 年ころ。チャールズ・A・ファレル撮影。出典：Charles A. Farrell Papers, State Archives of North Carolina.

写真 57　固定網漁師。ノースキャロライナ州イーデントンで。1937-1939 年ころ。チャールズ・A・ファレル撮影。出典：Charles A. Farrell Papers, State Archives of North Carolina.

レルは、グリーンズボロの病院に収容されたのです。

その病院でチャールズ・ファレルは、「経眼窩式ロボトミー手術」と呼ばれる脳神経外科治療を受けました。

それは、「アイスピック・ロボトミー」としてよく知られていました。アメリカ合衆国では、一九三六年にジョージ・ワシントン大学で実施されたのが最初で、〔氷を砕く道具〕アイスピックが実際に使われたそうです。

この手術では、外科医が小さな槌《つち》で外科用具を患者の眼窩から差し込み前頭葉皮質の神経回路を切断したのです。

アメリカ〔合衆国〕の人びとがロボトミー手術について知っている事例があるとすれば、二つ考えられます。一つは、ジョン・F・ケネディの姉ローズマリー・ケネディが前頭葉ロボトミー手術を一九四一年に受けたことでしょう。ローズマリー・ケネディは、その後、生涯にわたって自身の能力を奪われ、ケネディ一家は、ローズマリーを公衆の眼から遠ざけました。

もう一つ、ケン・キーズィの書いた素晴らしい同名の本を原作とする、一九七五年上映の映画『カッコーの巣の上で』のことを、人びとは思い出すでしょう。

写真58　ニシン漁の地引網。ノースキャロライナ州バーティ郡メリーヒル近くのテラピン・ポイント漁場で。1941年5月。チャールズ・A・ファレル撮影。出典：Charles A. Farrell Papers, State Archives of North Carolina.

映画の最後のシーンで、ジャック・ニコルソンが演じるランドール・マクマーフィは、自分の収容されている施設に反抗しないように、ロボトミー手術を強制されるのです。

この手術がアメリカ合衆国で最も本格的に実施されていたのは一九四九年のことで、チャールズ・ファレルの手術が終わった翌年のことです。その年、外科医は五〇〇〇件の経眼窩式ロボトミー手術を実施しました。

とりわけ一九四〇年代と一九五〇年代、精神科医は、他に有効な治療がないとみなされた精神病の治療には、この手術しかないと考えていました。そういう精神病は、総合失調症

写真 59　ニシンの一種のシャッド漁師。ノースキャロライナ州ワンチーズで。1939-1939 年ころ。チャールズ・A・ファレル撮影。出典：Charles A. Farrell Papers, State Archives of North Carolina.

写真 60　大型ニシンの漁師たち。ノースキャロライナ州ビューフォート沖で。1937-1941 年ころ。チャールズ・A・ファレル撮影。出典：Charles A. Farrell Papers, State Archives of North Carolina.

からアルコール依存症まで広範囲に及びました。

アメリカ合衆国でこの手術を普及させた第一人者として知られているのは、神経外科医ウォルター・フリーマンで、「手術によって誘発される幼児性」が手術の効能として期待できると説明していました。ファレルをはじめとして大半の患者は、手術によって消極的になり感情表現が鈍くなり知的能力も限定されることになりました。

写真61　カニ処理場（と思われる）。おそらくノースキャロライナ州のマンズ・ハーバーかワンチーズかスタンピー・ポイント。1933-1939年ころ。チャールズ・A・ファレル撮影。出典：Charles A. Farrell Papers, State Archives of North Carolina.

経眼窩式ロボトミー手術の効果は広く議論される問題になっていました。その倫理性も議論されていました。早くも一九五〇年にこの手術を、その効力のなさと非人道性から禁止した国もあります。

一方で、この手術の乱用ぶりも多く報告されていました。

当時の精神医療分野における悪弊として、欧米諸国で実施されたロボトミー手術件数の非常に多くが女性を対象にしていたということも明らかになっています。しかも、その背後には、女性たちをおとなしく従順にさせようという社会の眼差しが働いていたのです。

写真62　玄関先に座って。おそらくノースキャロライナ州ナッグズヘッド（ボディ島）で。1938-1940年ころ。チャールズ・A・ファレル撮影。出典：Charles A. Farrell Papers, State Archives of North Carolina.

それに加えて、フリーマン医師には、経眼窩式ロボトミー手術を白人患者よりアフリカ系アメリカ人患者を対象に実施する傾向があったという証拠もあります。

アイスピックを使ったロボトミー手術を、同性愛者を「治療する」ために使っていた外科医の話も、私は本を読んで知りました。私の家の近所で最近になって聞いた情報によれば、異性の服装を好み顔にも化粧をしていた第二次世界大戦退役兵士を「治療」しようとして、ロボトミー手術を使った精神科医がいたとのことです。その手術は、不成功に終わったそうです。

ファレルの家族とかかりつけの医師が、なぜ経眼窩式ロボトミー手術に救いを求めたのか、私にはわかりません。私が会ったファレルの遺族は、その当時まだ幼すぎたので確かなことはわからなかったそうですが、おそらく飲酒が関係していたのではないかと考えています。

それでも、ファレルが格闘していた病魔の正体が何か、まだ不可解なのです。ただ、

写真 63　漁師。ノースキャロライナ州ロアノーク島で。1937-1941 年。チャールズ・A・ファレル撮影。出典：Charles A. Farrell Papers, State Archives of North Carolina.

写真 64　ノースキャロライナ州ワンチーズかマンズ・ハーバー。1937-1941 年。チャールズ・A・ファレル撮影。出典：Charles A. Farrell Papers, State Archives of North Carolina.

これだけは言えます。写真家および芸術家としてのファレルの生涯は、その手術の日に終わったのだと。

ファレルの遺族は、ファレルが余生を静かに、かなり消極的に、一見して心穏やかに過ごしたと話してくれました。［ロボトミー手術で発話も歩行も不能となり施設に預けられた］ローズマリー・ケネディと違って、ファレルが施設に収容されることはありませんでした。まだはっきりと話すこともでき、自分で少しばかり動きまわることもできたそうです。

ファレルの妹は、ファレルがときおり市バスに乗って、旧友に会いに町に出かけて行くことさえあったと話してくれました。

夫が手術を受けた後、妻アン・ファレルは、一九六〇年代初頭に経営困難になるまでアート・ショップを経営していました。夫婦は一九七七年まで共に生活しました。一九七七年、チャールズは享年八四歳で、アンは一歳年下の八三歳でした。

二人の死後、コーネル大学で著名な教授として数学を教えていた息子ロジャー・ファレルは、チャールズの一〇〇〇〇点以上の写真をノースキャロライナ州の州立古文書館に寄贈しました。私とロジャーは、父親チャールズについて語り合いました。それからまもなく二〇一七年にロジャーは八八歳で他界しました。

＊　＊　＊

写真 65　ボラ漁師ベッドフォード・ローレンス。ノースキャロライナ州ブラウン島で。1937-1939 年。ベッドフォードの孫 H. B. ローレンスによれば、ベッドフォードはノースキャロライナ州オトウェイの住民で、ノースリヴァー・プリミティヴ・バプティスト教会で礼拝し、集落のスクエアダンスの集まりではバイオリンを演奏したという。チャールズ・A・ファレル撮影。出典：Charles A. Farrell Papers, State Archives of North Carolina.

ファレルは、こうした写真を撮りながらも、どこか壊れていた、少なくとも壊れかかっていたと言えるでしょう。

今となっては叶わないことですが、これらの写真がノースキャロライナ州大西洋岸地域の過去を理解したいと思う私たちにとっていかに貴重なものかを、ファレルに知っておいてほしかったと思います。

私がファレルの撮った写真をその漁村に持参して、写真に写る人びとの子孫に見てもらったときに、どんなことが起きたかをファレルに

写真66　巻貝の殻でおおわれた墓。ノースキャロライナ州シーダー島で。1937-1941年。チャールズ・A・ファレル撮影。出典：Charles A. Farrell Papers, State Archives of North Carolina.

知ってほしいとも思います。

写真を地元の漁場の船溜《ふなだま》りに持って行って、作業所で広げて見せたり、家族の毎年の集まりや教会のホームカミング《リユニオン》で見せたり、地元の機関紙に載せてもらったりしたとき、何が起きたかを、です。

数か所では、地元の人びとが親切にも集落の集会所や地元の博物館や教会で集まりを企画してくれて、集まってくれた人びとと一緒に写真を見て話し合うことができました。そういう機会には、一緒に楽しく夕食をいただいた後で私はファレルの写真を大きなスクリーンに映して見てもらいました。

集まった人びとの記憶がファレルの写真で呼び覚まされ、次々と話が出てきたことを、ファレルに知ってほしいと私がどれほど思ったことでしょう。私たちが、ファレルの真の芸術作品、つまり海と深く結ばれた時代と場所を写し出すファレルの写真、その一枚一枚と対面するたびに、そこに溢《あふ》れる喜びを、ファレルに知ってほしいと、どれほど思ったことでしょうか。

第2部　自由を求めて

1 「全ての道はノースキャロライナに戻る！」

アフリカ系アメリカ人でノースキャロライナ州出身者の組織「ノースキャロライナの息子・娘たち」(the Sons and Daughters of North Carolina) について史料をたくさん読んだ今、私にはっきりわかったことがあります。それは、そのメンバーが州を出てからどこに住んでいようと、たとえば、それがボストンであれ、［ニューヨーク市マンハッタン島北部の「黒人街」］ハーレムであれ、［ニュージャージー州北東部の］モントクレアや、［マサチューセッツ州の］ウースターであれ、ノースキャロライナ州を去った後も故郷の州で何が起きているかずっと気にかけていたということです。

写真 2-1　大移動する人びと。ジェイコブ・ローレンスの絵画集 ***Migration of the Negro, 1940-41*** から。Museum of Modern Art 所蔵。

組織のメンバーは、電話や手紙で州に残った人びとと連絡を取りあっていました。クリスマスにノースキャロライナ州の故郷を訪ねたり、ときには七月や八月に一週間ほど滞在したりしたのです。もちろん、葬式のたびに州に戻りました。その連絡や訪問のたびに、人びとは故郷での出来事を少し知ることができました。

ときにはノースキャロライナ州から黒人指導者がやって来て、会合での講演や演説などで故郷の出来事について語ったりもしました。

たとえば、一九〇三年のことですが、「ノースキャロライナの息子・娘たち」のボストン支部では、アフリカ系アメリカ人で弁護士で教育者のジョージ・ヘンリー・ホワイトが招かれました。ノースキャロライナ州ブレイドン郡生まれのホワイトは、ノースキャロライナ州東部に広がる黒人人口の多い地域から選出されて連邦議会下院議員を一九〇一年まで務めました。

写真2-2　元連邦下院議員ジョージ・ヘンリー・ホワイト。1903年にアフリカ系州民組織ボストン支部が共催したイベントで講演。それは、エイブラハム・リンカンの大統領就任を祝う43回目のイベントであった。写真は、National Archives 所蔵。

そのときのホワイトの話は、聞いていて楽しくなるものではなかったはずです。というのも、当時ノースキャロライナ州では白人優越主義者たちの権力が増大する一方だったからです。その白人たちは、「一八九八年と一九〇〇年の選挙で」支配権を握ると、直ちにアフリカ系アメリカ人たちの投票権行使を阻止するために州憲法修正条項を可決していたのです。

ちょうどこの世紀転換期に南部諸州から連邦議会に選出されていた唯一無二の黒人議員であったホワイト

は、そうした状況下では再選を目指して再出馬しても意味がないと考えました。それでホワイトは、家族と共にノースキャロライナ州を去って、やがて首都ワシントンに移り住むことになるのです。

二〇世紀に入ると、［南部州の一つであった］ノースキャロライナ州から北部や中西部や西部に移住していく若者たちの流れが止まることなく続きました。これが「大移動」と称されるようになる現象の一端です。

その移動人口の規模は大きく、その波は［大なり小なり］続きました。一九七〇年の時点で調べてみると、ノースキャロライナ州生まれのアフリカ系成人の約半数が、他の州に住んでいましたし、その大半がニューヨーク市の市内かその周辺地域に住んでいたのです。

ブログ作成者として聡明で深い洞察力のあるリサ・Y・ヘンダーソンは、自身の故郷ノースキャロライナ州ウィルソンについて次のように書いています。

> 私の知っているウィルソン育ちの人のなかに、［ニューヨーク市の］ハーレムやブルックリンやクイーンズやブロンクスに親戚がいないという人なんて誰もいないってことは、自信をもって言えます。

ヘンダーソンさんは、「ブラック・ワイド・アウェイク」と題する自身のブログ［https://afamwilsonnc.com/author/blackwideawake/］で、ウィルソンの黒人青年たちがウィルソンとニューヨーク市を絶えず往復していることについていろいろ思いをめぐらせながら、こうも書いています。

夏になると毎年、移住者の孫たちが南部に送り込まれたから、［南部都市の］小さな子供クラブがその子らで膨れ上がり、必然的に私の家族の子供も二週間ほど北部に行くことになって、「いやに行儀よく話す」ようになって戻ってきた。

北部に住んでいようと、二、三週間ほど北部に滞在するだけであろうと、南部について南部を訪れて知った、あるいは住んでいて知っている若者たちは、アフリカ系アメリカ人の置かれている立場が南部でどれほど変わったか、あるいはほとんど変わっていないか、そんな話を北部に持ち帰ったのです。

＊　＊　＊

南北戦争後の一世紀のあいだにノースキャロライナ州から北部都市に移住して自分たちの組織を設立した人びとは、「ノースキャロライナの息子・娘たち」のメンバーだけではありませんでした。幾《いく》つかの北部都市では別の組織名で同じような機能をもつ組織がかなり存在しました。

そのなかで重視しておきたいのは、ノースキャロライナ州にある［南北戦争後に創設されていた］黒人高校と黒人大学の卒業生たちによる組織です。

［ニューヨーク市の］ブルックリンで結成されたハイド郡O・A・ペイ学校同窓会がその好例で、私は自分の最初の本（*Along Freedom Road*）を書いているときにその同窓会について少し知ることになりました。

O・A・ペイ学校は、二〇世紀初頭に創設され、最初はハイド郡立職業訓練学校と呼ばれるアフリカ系アメリカ人の学校でした。スレイズビルという村で開校され、後にスワン・クオーターという村に移設されました。どちらの村も、ノースキャロライナ州ハイド郡にあり、漁業と農業を営む集落でした。

何世代にもわたって実に大勢の黒人市民たちがハイド郡からブルックリンに移住したので、ブルックリンでその人たちが自分たちの同窓会支部を組織することにしたのです。

年月を経て、ブルックリンの同窓会支部ではメンバーが非常に多くなったからか、自分たちのホームカミングの年次大会をときおりハイド郡ではなくブルックリンで催すこともあったそうです。

そういうときは、地元に残っていたO・A・ペイ学校の同窓会会員と、インゲルハードの町にある姉妹校デイヴィス学校の地元の同窓会会員が、みんなバスに乗り込んでブルックリンに赴き、その週末じゅう繰り広げられる多くのイベントに参加しました。

写真 2-3　ノースキャロライナ州ハイド郡スワン・クオーターでの公民権獲得を求める行進。1968 年秋。North Carolina Museum of History 所蔵。

ハイド郡O・A・ペイ学校同窓会では、ハイド郡の母校に通学する生徒向けの奨学金や学校改良資金をつくるための募金活動をしました。同窓会会員は、ニューヨークに来た新卒業生の住居および仕事探しの手助けをすることもできたのです。

一九六〇年代にハイド郡で同窓会の仲間が公民権を求めて抗議活動をしたとき、ブルックリン支部の同窓会会員たちはブルックリンから応援しました。ブルックリン支部では活動資金を提供し応援したのです。なかには南部［ハイド郡］に出かけて抗議活動に参加した会員もいました。

もちろん、ノースキャロライナ州から北部都市に移住した人びとの集まりのなかには、集まったとしても、たいていがコーヒーを飲みながらしゃべったり、一緒にご馳走を楽しんだりするだけの小さな集まりもありました。

ほかには、集まりとは言えないものもありました。それは、ノースキャロライナ州出身の黒人が所有し経営するナイトクラブやカフェ、フィットネスジム、それに理髪店、美容院といった場所に、同じノースキャロライナ州から移住してきた黒人たちがふらっと集まってくるたまり場として噂になったりしていたのです。

そうやって出来上がる集まりに足を運んで仲間になっていく人びとは、もともとは故郷ノースキャロライナ州にポツンとある小さな集落に住んでいたけれど、ブルックリンやほかの北部の都会に住むようになっていつの間にか互いに近隣住民になっていたという人びとでした。

私の家族の場合、故郷はノースキャロライナ州ハーロウにあり、そこは小さな集落です。私の友人で遠縁にあたるレジーナ・イーヴェット・カーター・ガルシアは、ハーロウ出身ですが、つい先日、幼いころ毎年の家族の集いがブルックリンで開かれたのを憶えている、と話してくれました。

レジーナはこう言いました。「そのとき家族の集った場所は、アパートの建物を複数所有していたチャールズおじさんの店《クラブ》で、ハーロウ・ソーシャル・クラブって呼ばれてたのよ！　近隣のノースキャロライナ出身者がそこによく集まってきてたのよ」と。

そしてレジーナは、「ニューヨークの友達にいつも言ってあげるのよ。すべての道はノースキャロライナに戻る！　ってね」と付け加えました。

＊　＊　＊

私が調べた限りでは、「ノースキャロライナの息子・娘たち」の支部の大半は、少なくとも一九四〇年代まで盛んに活動を続けていました。その後は組織がいつまで続いたのか、現在も存続しているのか、それはわかりません。

「ノースキャロライナの息子・娘たち」の支部活動継続について私が見つけた最も新しい手がかりは一九七二年のものです。その年の一二月二八日、ニュージャージー州モントクレアの新聞『モントクレア・タイムズ』に、現地の支部がその年のクリスマスの慈善募金に応じてお金を寄付したと書かれていたのです。

それから、ときおりですが今も、死亡者が「ノースキャロライナの息子・娘たち」のメンバーであったと述べる死亡記事を目にすることもあります。（ただし、そういう死亡記事では、その人がいつ支部組織に属していたのか、支部組織がその人の死亡時にも存続していたのかは、鮮明に書かれていないのです。）

実は、今年の初め、ナオミ・ハンド・タイラーという名の女性に関する死亡記事を見つけました。それを読んで、私は、その女性の人生が、「ノースキャロライナの息子・娘たち」の歴史を通して私が理解している、まさにその組織の心意気を、ある意味で表していると思いました。

写真2-4　ナオミ・ハンド・タイラー。「ノースキャロライナの息子・娘たち」ブルックリン支部のメンバー。Dunn Funeral Home and Crematory Services, Burgaw, NC 提供。

タイラーさんは、一九二一年にノースキャロライナ州ペンダー郡の小さな町バーゴーに生まれて、一九三九年にペンダー郡職業訓練学校を卒業した後、すぐブルックリンに移住しました。

ブルックリンでタイラーさんは、看護秘書学校に行き、近隣の医院で仕事を見つけました。

その仕事以外にタイラーさんは、「ノースキャロライナの息子・娘たち」ブルックリン支部のメンバーとして活動していました。それに、秘書能力を生かしたボランティアとして、「公民権および労働運動活動家の〕Ａ・フィリップ・ランドルフや〔黒人女性で最初の連邦下院議員となった〕シャーリー・チザムをはじめとする、公民権活動や労働運動活動の全国的な指導者の事務所《オフィス》に入って手助けもしました。

タイラーさんは、一九六三年にはワシントン大行進に参加し、一九六八年には〔同じく首都ワシントンで実施された〕貧者の行進といった活動にも参加しました。享年九九歳でした。

ノースキャロライナ州からの黒人移住者が住み着いた〔ニューヨーク市の〕ブルックリンや〔マサチューセッツ州の〕ボストンやウースターなど北部都市の墓地には、「ノースキャロライナの息子・娘たち」のメンバーが埋葬された数えきれないほど多くの墓があります。

その一方で、何年も経てから、故郷ノースキャロライナ州に戻ってきた人びともいました。〔人種差別が合法的であった〕ジムクロウ体制が廃止された後に州に戻り、退職後の余生を自分の生まれ故郷で過ごした人びとが大勢いるのです。故郷に埋葬されることだけを望んだ人びともいました。

ナオミ・ハンド・タイラーは、故郷に戻った一人でした。ブルックリンに移住してから八〇年以上も経て、晩年になってから、タイラーさんは故郷に戻ってもいいと考えたのです。二〇二一年一月二一日にタイラーさんは、バーゴーの墓地に埋葬されました。

2 「この地ウィルソンでの私の問題」

私はマサチューセッツ大学アムハースト校で、W・E・B・デュボイス文書〔デュボイスは、一八六八年マサチューセッツ州に生まれた黒人教育家・活動家・文筆家。一九六三年八月アフリカのガーナで死亡。〕に目を通しているとき、一通の手紙を見つけました。それは、ノースキャロライナ州ウィルソンに住むメアリー・C・ユーエルからの一九一八年四月二二日付の手紙でした。ユーエルさんは、偉大なアフリカ系アメリカ人で学者で活動家でもあったデュボイスに宛てた手紙で「この地ウィルソンでの私の問題」について訴えていたのです。

問題を抱えているというのは冗談事ではありませんでした。ユーエルさんは、ウィルソン黒人小学校の黒人教師で、白人教育委員長に平手打ちされたというのです。そのとき二人は、学校の始業時刻と終業時刻に関する規則について口論していたようです。

こうした口論があったことを知れば、誰もが、教員たちと教育委員長との対立が激しさを増していたようだと想像するでしょう。

確かなことは、この事件で人種暴動が起きそうになったということです。ユーエルさ

写真 2-5　ウィルソン黒人小学校。20 世紀初頭。出典：J. Robert Boykin III, *Historic Wilson in Vintage Post Cards* (2003).

んとほかの一一人の教員たち（もちろん、全員黒人）が抗議の意を表して辞職し、生徒たちの黒人家族、何百人という人びとも、学校に見切りをつけたのです。そして、その親たちと辞職した教師たちの手で新しい私立の黒人学校を創設したというのです。

ユーエルさんは、単に飛びまわっていたわけではありません。白人教育委員長を提訴して暴行罪で裁判に持ち込んでいました。

さらに黒人教員たちは、自分たちの辞職を発表する際、アフリカ系アメリカ人校長J・D・リードを糾弾しました。校長は一部始終を目撃していながら、白人教育委員長の側に付いている、と教員たちには思われたからです。

教員たちはそのとき、ニューヨークの新聞記事の言葉を借りれば、リード校長が「黒人女性の尊厳《ニグロ・ウーマンフッド》」を擁護する側に立っていないということを察知したわけです。

ユーエルさんに対する暴行事件は、教員たちにとってこれ以上我慢できないという際《きわ》に起きた出来事でした。一九一八年四月一九日に書かれた辞職通知の書面に教員たちは、リード校長の「高圧的で強固で乱暴な支配」を引き合いに出しています。

教員たちは次のようにも書いていました。

私たち、ウィルソン黒人小学校の教員有志は、校長を助けようとあらゆる方法で努力してきましたが、鎖につながれた囚人労働者のように扱われてきました。もはやJ・D・リード校長に対する敬意を失くしましたので、辞職の意をお伝えします。

少額の納付金と地域募金活動で集められたお金と地元実業家からの寄付金に支えられて、新しく創設されたウィルソン・インディペンデント学校は、開校一年以内に六〇〇人の生徒を抱え、およそ一〇年間存続しました。

写真2-6　W. E. B. デュボイス。1918年。写真はLibrary of Congress Prints and Photographs Division所蔵。

ユーエルさんはW・E・B・デュボイスへの手紙で、「この地ウィルソンでの私の問題」がウィルソンだけに限った問題ではないという、自分の紛れもない確信を伝えようとしていました。この暴行事件は、［一九〇九年にニューヨーク市で創設され、黒人公民権獲得のため裁判活動を重視した組織］全国黒人向上協会（NAACP）発行の有力誌で、当時デュボイスが編集者であった『クライシス』によって広く報道されました。全国の黒人新聞編集者たちは、『クライシス』に掲載された記事でこの事件について知ると、自分たちの新聞や雑誌にこの事件に関する記事を書いて掲載したのです。

人権問題の点から見れば、ノースキャロライナ州東部の一九一八年というのは、実に困難な時期でした。［人種差別を合法とする］ジムクロウ体制下にあったからです。女性は投票権をもっていませんでしたし、大半の黒人たちも投票権を行使することができずにいました。それに、労働運動の活動家たちも激しい報復を受けていました。

そうした弾圧があまりにも広く深く浸透していた実態に圧倒されるあまり、私はときおり、メアリ・C・ユーエルさんのように弾圧に抗《あらが》って立ち上がった人びとが大勢いたことを忘れてしまいそうになります。

3　パイニー・グローヴでの一日――ブランズウィック郡の過去への旅

写真 2-7　マリオン・エヴァンズ。古い小屋を探して。ノースキャロライナ州サプライ近くの雑木林で。2020 年 4 月。著者撮影。

きょうは、二、三か月前、ちょうど〔新型コロナウイルス感染拡大で〕隔離対策が実施され、店という店のシャッターが下ろされ、通りに人気《ひとけ》がなくなる時期より以前のこと、マリオン・エヴァンズと共にノースキャロライナ州大西洋岸地域の一画を探索した特別の日のことを、私は思い出しています。そこは、私にとって未知の土地で、魔法の世界のような場所でした。

私の案内人はマリオンさんでした。マリオンさんは、自分の育った地域社会の過去を知るために、それまで語り伝えられてきたことを見つけては後世に残そうと努力している非常に有能な在野の歴史研究者です。

その地域社会というのは、パイニー・グローヴと呼ばれています。現在はボリヴィアという町の一部で、ノースキャロライナ州ブランズウィック郡サウスポートから一五マイル〔約二四キロメートル〕ばかり離れた小さな集落です。

マリオンさんは、自身の高祖父のこと、パイニー・グローヴの創設期のことについて、驚くべき調査をしているところだったのです。

私は、地域社会の歴史について電話でマリオンさんと以前に話したことはありましたが、この特別の日までマリオンさんに会ったこともなければ、パイニー・グローヴに行ったこともありませんでした。

それで、サウスポートでの講演依頼を受けたとき、すぐにマリオンさんに電話して、私がサウスポート界隈にいるあいだに、ブランズウィック郡でマリオンさんが調べている地域を案内してもらえないか、と尋ねてみたのです。

マリオンさんは丁寧に応じてくれて、私たちは素晴らしい一日を過ごすことになりました。私は、ノースキャロライナ州大西洋岸の集落について新たに学べる機会を得て、特権を得た思いでした。それで、とてもうれしかったのです。そこは、大勢の人たちが、サンセット・ビーチやオーシャン・アイル・ビーチなど、ブランズウィック郡にある大西洋岸のビーチに向かう途中で、国道一七号線［オーシャン・ハイウェイ］を突っ走っているとき、ちらっと目に入ってくる地域なのです。

「古い、古い、古ーい学校で授業を受ける」

私は、ボリヴィアにある郡庁舎の前でマリオンさんと待ち合わせました。ボリヴィアは、人口一四三人という町で、その名前が奇妙で興味をそそられました。そこは、二つの湿原にはさまれた小さな台地でした。湿原の一つが、「一七号線で北からボリヴィアに入ると」南前方にあるハーフ・ヘル・スワンプで、もう一つが、「大西洋にそそぐ」ロックウッズ・フォーリー川源流のグリーン・スワンプです。

ボリヴィアの創設者たちがなぜ、南アメリカ大陸の国名、あるいは革命家シモン・ボリヴァの名前を、自分たちの町の名にしたのかは不明です。

小さな町であるにもかかわらず、ボリヴィアは、ウィルミントンの南端を走るケイプフィア川とサウスキャロライナ州との州境線にはさまれた、大西洋に面するブランズウィック郡の郡都なのです。

その郡庁舎の前で私はマリオンさんの車に乗り込み、私たちは探索のためにすぐに町から離れて車を走らせました。その途中、マリオンさんは、自身の育った古いアフリカ系アメリカ人の集落パイニー・グローヴに関する話で私を大いにもてなしてくれるのです。その集落は、ボリヴィアの外《はず》れでピンチ・ガット・クリークの川岸にありました。

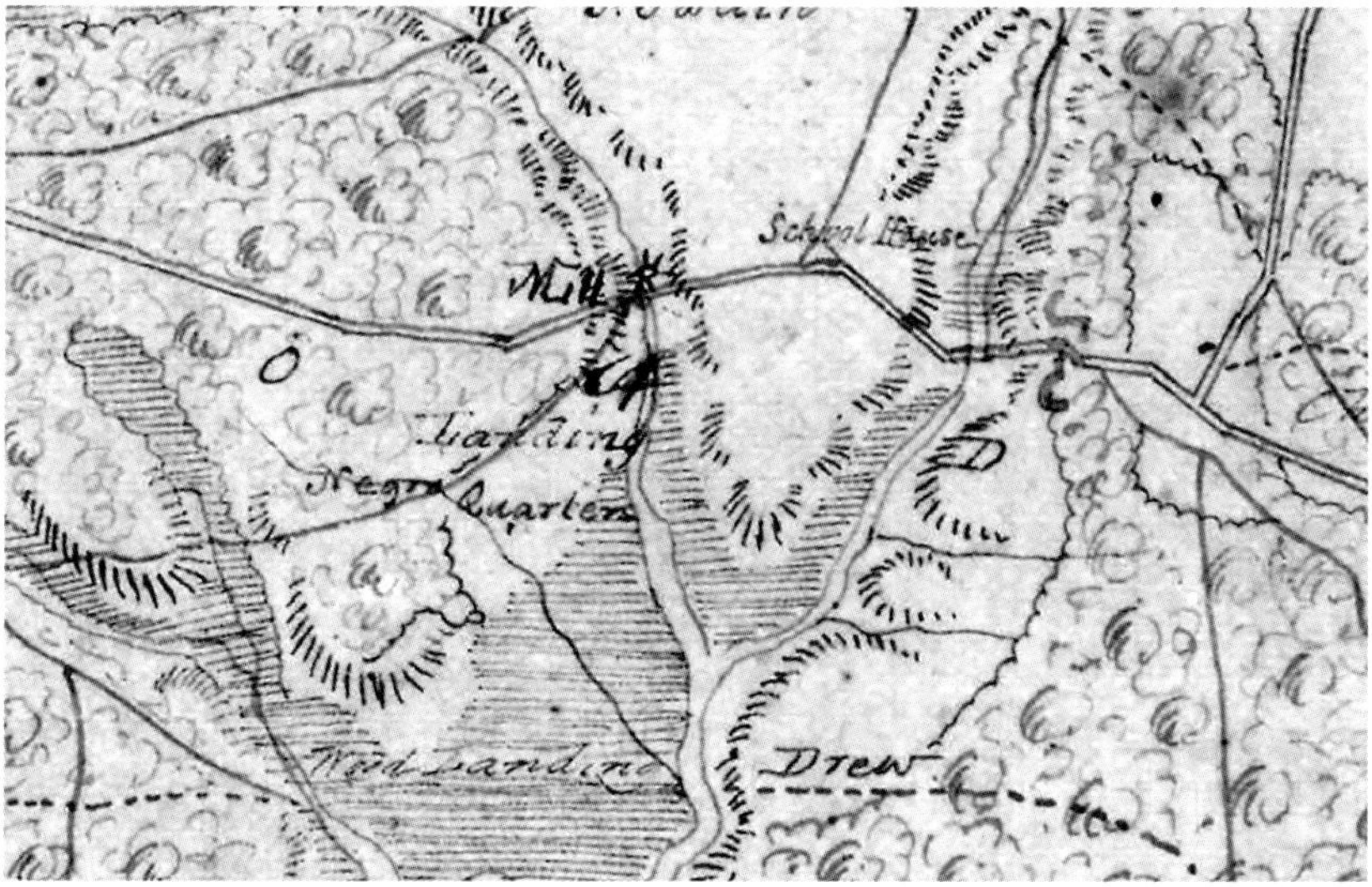

写真 2-8　スミスヴィル近隣の詳細地図（“Map of the Country adjacent to Smithville” [B. L. Blackford, 1863]）Southern Historical Collection, Wilson Library, UNC-Chapel Hill 所蔵。

マリオンさんは、身も心も若いけれども、すでに生まれ故郷の歴史を調べ、過去を知るための物語を集めて整理していました。

ある意味、マリオンさんは、その役割を祖母ゴルディ・エヴァンズから引き継いでいたようです。祖母ゴルディさんは、マリオンさんのように、老齢の人びとの話に耳を傾けて、その話を記憶したのです。

マリオンさんによれば、ゴルディさんには一四人の子供たちがいて、そのうち早世の四人を埋葬し、自身は一〇一歳で他界するまで、記憶力が衰えず、忘れるということが全くなかったようです。マリオンさんは祖母ゴルディさんとのことを、「古い、古い、古ーい学校で授業を受ける」ようなものだったと評しました。

祖母ゴルディさんについては私自身がもっと知っておきたかったと思いました。マリオンさんによれば、ゴルディさんはやさしくて、親切で、ユーモアがあって、寛大な人だったそうです。それに、いつもピストルの入ったバッグを持ち歩き、ライフル銃を革ひもで肩から下げていたことはよく知られていて、地元では語り継がれている人物でもありました。

エイブラハム・ギャロウェイの父親と母親

町はずれのギャロウェイ街道《ロード》を走っているとき、マリオンさんはパイニー・グローヴの話を始めました。旅の始まりです。ギャロウェイ街道《ロード》という名で私はワクワクしました。というのも、私の書いた本（*The Fire of Freedom*）の中心人物で英雄、若くして奴隷蜂起を起こしたエイブラハム・ギャロウェイという人物の父親と母親が子供時代を、その街道の界隈で過ごしていた可能性があったからです。

写真 2-9　エイブラハム・ギャロウェイ（1837-1870）。奴隷蜂起者、南北戦争下で連邦軍側に付くスパイ、公民権活動先駆者、州議会議員。出典：William Still, *The Underground Railroad* (1872).

エイブラハム・ギャロウェイの父親「白人で、奴隷でも奴隷所有者でもない人物」は、サウスポートで白人の所有する船の舵取りの仕事をしていましたが、今ギャロウェイ街道《ロード》と呼ばれている近くのプランテーションのあたりで育ちました。

エイブラハムの母親ヘスター・ハンキンズは、

写真 2-10　ギャロウェイ家の墓地。ノースキャロライナ州ボリヴィア近くで。著者撮影。

奴隷とされていた女性でした。おそらくヘスターも、現在ギャロウェイ街道《ロード》と呼ばれている道の近隣で生まれ育ったと思われます。

ある場所まで来て、それがどこだったか今となっては私の記憶はあいまいなのですが、マリオンさんは、ギャロウェイ街道《ロード》から外《はず》れるや、静かな湿原に向かいました。そこには、広い墓地があって、たくさんの墓石に刻まれている文字が［近隣の農場主で奴隷所有者家族の姓］ギャロウェイかハンキンズだったのです。

私たちは車から降りて、真っ青な空の下、墓石のあいだを縫って歩きまわりました。

歩きながら私は思いをめぐらしました。きっと、この墓地のどこか近くに、木々が一直線に並んでいて、そのあたりに名前の刻まれていない墓石が数多くあったはずで、そこには奴隷とされていた人びとが埋葬されていたにちがいないと。そして、若きエイブラハム・ギャロウェイは、この墓地に来て、そのときすでに他界していた愛《いと》しい人びとの墓石と思しき石の前にたたずんだことだろうと。

パイニー・グローヴ

マリオンさんと私が墓地からギャロウェイ街道《ロード》に戻って車を走らせていると、古い農場や広い草原や深い雑木林が次々と過ぎ去りました。そのあいだギャロウェイ街道《ロード》を走るほかの車が目に入ったのは一度か二度でした。

この道を走るたびに、特別の場所、魔法にかかったような場所に来ている気がすると、マリオンさんは車を走らせながら話してくれました。

行く先々でマリオンさんは、幾《いく》つかの場所を取り上げて興味深い話をしてくれたのです。それらは、パイニー・グローヴの複数の古い農場、雑木林のなかにある二軒の蒸留酒製造所、名前のない墓石の見える墓地（おそらく奴隷とされていた人びとの墓地）、それに、セント・ジョン・バプティスト教会が最初に建てられた場所などです。その教会は、ほかのどこかではなく、まさにマリオンさんの高祖父の土地に建てられていました。

七人姉妹

こうしてボリヴィアの外《はず》れを探索しているとき、マリオンさんは七人姉妹についても話してくれました。それは、ウィルソン一家の娘たちのことで、マリオンさんはその姉妹がまだこの地上を歩いているかのように話してくれるのです。

およそ一五〇年前のこと、七人姉妹とその夫と子供たちがパイニー・グローヴをつくったというのです。ちょうど南北戦争直後のことで、あたりの土地は深い森林で、何かあるとしても松のテレピン油採取場くらいしかない地域でした。

マリオンさんの高祖父シーザー・エヴァンズは、そのウィルソン一家の姉妹の一人と結婚したということです。

写真 2-11　シーザー・エヴァンズ（1846-1928）。マリオンさんの高祖父。写真提供者：マリオン・エヴァンズと家族。

マリオンさんが言うには、一連のまさに奇跡的とも言える出来事を経て、シーザーはマリオンさんの高祖母アニーと結ばれることになり、その後、アニーとシーザーはパイニー・グローヴに移り住んだというわけです。

まず、シーザーは、南北戦争中に［シーザーを奴隷として所有していた］エヴァンズ一家からどうにかこうにか逃走しました。エヴァンズ一家は、ノースキャロライナ州ピット郡のグリーンヴィル出身でした。シーザーの逃亡が、グリーンヴィルのプランテーションからだったのか、ブランズウィック郡にあったエヴァンズ一家の所有地からだったのかは、不明です。

それからシーザーは、ニューバーンで連邦軍に志願しました。奴隷とされている縁者たちの自由を勝ち取るために戦いたかったからです。マリオンさんが調べたところによれば、シーザーは、一八六四年に第三七連隊というアメリカ合衆国黒人部隊に登録されていました。

マリオンさんの高祖父シーザーは、連邦軍兵士として従軍しているとき、ボリヴィアから日帰りできる距離にあるフィッシャー要塞の戦場で戦っていました。

写真 2-12　マリオンさんの娘マイア。首都ワシントンのアフリカ系アメリカ人南北戦争記念像と一緒に。マイアにとっては母親の高祖父にあたるシーザー・エヴァンズの名前が、この記念像の壁に彫られている。マリオン・エヴァンズ撮影。

シーザーが連邦軍に入隊したのは、一九歳になったばかりのころでした。戦争が終わると、自分の生まれ故郷に戻って、自分の家族に再会したそうです。

シーザーは幸運でした。戦後、愛する縁者を探し求めようとしたほかの多くの元奴隷とされていた人たちと違って、シーザーは、母親プレザントと姉デリアを捜し当て、二人が健在であることを確認することができました。

南北戦争が始まって二年後、一八六三年に所有者は、母親と姉を、家族のほかのメンバーから引き離して売ってしまっていたのです。

マリオンさんがいろいろ話してくれているうちに、私は自分のまわりに広がる町外《まちはず》れの土地が装い新たに見えてくるように感じていました。話を聞いているうちに、私には、話に登場する人びとが生き返って見えてくるような気がしたのです。

ワニにエサをやる

まもなく私たちはもう一つの墓地で車を止めて、墓石のあいだを歩きまわりました。

写真2-13　ピンチ・ガット・クリーク川の春。ノースキャロライナ州ブランズウィック郡。マリオン・エヴァンズ撮影。

マリオンさんは、そこに埋葬されている人びとについて語り、それにシーザー・エヴァンズとその家族についても続けて話してくれました。

南北戦争後まもなく、一八六九年に、先にも触れたように、シーザー・エヴァンズはアニー・ウィルソンと結婚して、二人はブランズウィック郡で［ピンチ・ガット・クリーク川の流れる森林地帯の］松が生い茂る土地パイニー・グローヴに定着しました。

二人は、倹約しつつ一生懸命働いたに違いありません。なぜなら、マリオンさんは、シーザーが一八八一年にパイニー・グローヴに自分たち家族の農地を購入したことを示す古い書類を見つけていたのです。

過去を探る道を進むうちに、私たちはマリオンさんが育った家、魅力あふれる母御の家だった建物を通り過ぎました。光栄なことに私は、その翌日、サウスポートでその母御にお目にかかる機会を得ました。

それから私たちは、ボリヴィアから少し離れた小さな町サプライに向かいました。その途中で私たちは小さな川を渡りました。そこは、かつてマリオンさんたちの乗ったスクール・バスの運転手がわざわざバスを止めてくれて、ワニのエサやりを子供たちにさせてくれたという川でした。

鎖につながれた人びとの休んだ場所

サプライに向かっているとき、私たちは小さな町の中心を通り抜け、また町外《まちはず》れに来ました。すると、マリオンさんは、私が一人で来ていたら見逃していたような未舗装の小さな脇道に入っていきました。

未舗装の道を二〇〇ヤードか三〇〇ヤード［約二〇〇メートルか三〇〇メートル］ほど来て、マリオンさんは車を止め、私たちは車から降りました。

雑木林に入ろうとするとき、マリオンさんは忘れずに手斧を握りました。野生動物などが襲ってくるかもしれないからだと言うのです。マリオンさんは、いつも笑顔でしたが、祖母のゴルディさんと同じで、油断することなど、ありませんでした。

写真2-14　小屋。ノースキャロライナ州サプライの近く。著者撮影。

手斧を手に持って、マリオンさんは私を木立のなかに案内してくれて、私たちは、明らかに丸太と板で作られた非常に古ぼけた小屋にたどり着きました。

外観から推測されるほど古いかどうかは定かではありませんけれど、小屋の板は、今世紀でもその前の世紀のものでもない不均一に製材されたもので、壁に使われている丸太は実に大昔のもののように見えました。

このあたり、アメリカ合衆国が独立する前から存在する街道キングズ・ハイウェイを、［人を奴隷として売買する］奴隷商人が往来していたと、マリオンさんは説明してくれました。

そのことは私も少し知っていました。その街道の名が登場する歴史書を何冊か読んでいたからです。そうした本には奴隷商人たちが、男女を動物のように鎖につないで、その街道を往来していた様子が述べられていました。

マリオンさんが言うには、林のなかの小屋は、キングズ・ハイウェイを通っている奴隷商人と鎖につながれた人びとの一団が、夜のあいだ休むのに使っていた場所だ、と地元では言い伝えられているというのです。

その言い伝えが真実であるなら、その多くの奴隷商人たちが、奴隷として鎖でつないだ人びとを連れて移動した行き先は、次の二つのうちどちらかだったはずです。その一つは、北にあるウィルミントンの奴隷市場で、もう一つは南にある［サウスキャロライナ州］チャールストンの大きな奴隷市場でした。チャールストンの港は、奴隷船で北アメリカ大陸に運ばれてきたおよそ一六万人のアフリカ人が最初に上陸した港だったのです。

小さな町の外《はず》れにある林のなかで、マリオンさんと私は、その小屋で休んでいたであろう人びとのことを想像しました。おそらくそういう人たちが小屋のまわりにあふれて野宿したこともあったでしょう。私が読んだ歴史書には、鎖でつながれた人びとの数が何百人に達することもあったと書かれていたからです。多すぎて小屋に入り切れなかったはずです。

墓地に出る幽霊

マリオンさんと過ごした最初の一日が終わりかけるころ、私たちは、ボリヴィアに少し近いところまで足を延ばしました。そこには、マリオンさんの祖母ゴルディ・エヴァンズがよくマリオンさんに話していた墓地があったからです。

何でも記憶し、何事も大げさには言わなかったという祖母ゴルディさんが、子供のころ、ある日、学校からの帰り道に、その墓地で幽霊を見たことがあると言っていたというのです。

祖母ゴルディさんだけではありませんでした。長い年月のあいだには、多くの人たちが幽霊を見たというのです。

その幽霊というのは、地元の白人家族の息子で、〔南北戦争のとき〕ゲティスバーグの戦場で命を落とした、その息子の魂が幽霊になって出るんだと、人びとは言っていたそうです。

写真2-15　マリオン・エヴァンズ。武器を持って準備万端。著者撮影。

祖母ゴルディさんの言っていた道をたどって行って、私たちは、オールド・オーシャン・ハイウェイ〔旧一七号線〕のそばの薄暗い林のなかに古い墓地を見つけました。マリオンさんはもちろん、幽霊がいようがいまいがお構いなく手斧で武装して、茂みのなかに入って行きました。

大昔の埠頭

深く茂った林から出ると、マリオンさんは道路の先にある橋を指さしました。ロックウッド・フォーリー川を渡る小さな橋です。

ずいぶん昔の話、船頭が竿《さお》で平底船を操って川を上って、橋の近くにあった小さな埠《ふ》頭《とう》に船を寄せていたと、マリオンさんは話してくれました。

川は、その地点まで来ると渓流より少し大きな流れになっていて、その埠頭《ふとう》では奴隷とされていた人びとが〔松脂からできる〕テレピン油やロジンやタールやピッチの入った樽を担《かつ》いで平底船に積み込んでいたことでしょう。

かつての奴隷制プランテーションは、広さが何千エーカーにも及ぶものが多く、ブランズウィック郡で奴隷とされていた男性も女性も、大量のテレピン油やロジンやタールやピッチの製造にかかわっていました。その製造が、ブランズウィック郡では他の産業をはるかにしのぐ最大の産業だったからです。

奴隷とされていた人びとは、地元に密生する松の粘着力のある樹脂を蒸留してテレピン油とロジンを作り、粘土でできた窯《かま》で松の木をいぶしてタールとピッチを作っていました。

船頭たちは、船着き場を離れると、樽を遠く川下に運びました。川の入り江に広がる塩水湿原まで運ぶと、今度は海の沖まで運ぶ船に樽を積み込んだわけです。

「集落中の人びとが嘆きの声を上げた」

マリオンさんはたくさんの話をしてくれました。たくさんの興味深い場所に案内してくれました。そして、たくさんの情報を提供してくれました。

私たちは、楽しいひとときを過ごしました。行く先々でたくさん笑いました。その一方で、私たちは、ときが過ぎ去るということが何を意味するか、いかにして一つの土地の歴史を知ることができるのか、その土地の話をいかに叙述すればよいのか、といった難しい問題についても互いに話し合いました。

写真 2-16　フレンドシップ教会。ノースキャロライナ州ボリヴィア。マリオン・エヴァンズ撮影。

写真 2-17　シーザー・エヴァンズの墓石。ノースキャロライナ州ボリヴィアのエヴァンズ家の墓地で。著者撮影。

ボリヴィアに戻る途中、私たちはマリオンさんの家族であるエヴァンズ一家の墓地にも車を止めました。それは、フレンドシップ教会からさほど遠くない松林のなかにありました。

そこにあるマリオンさんの高祖父の墓にお参りしました。墓石にはこう書かれていました。

シーザー・エヴァンズ
一八四六年生まれ
一九二八年一月八日死亡
逝去しても、忘れられることはない

シーザーが死んだのは、激しい雷雨の最中だったそうで、年配者たちから聞いたことだけどと言って、マリオンさんが話してくれました。その言葉通りに言うと、高祖父シーザーが最期の息をひきとるとき、「集落中の人びとが嘆きの声を上げた」そうです。

写真 2-18　マリオン・エヴァンズと祖母ゴルディ・エヴァンズ。祖母ゴルディは 101 歳で昨年他界した。マリオン・エヴァンズ提供。

高祖父シーザーが永眠している隣にマリオンさんの高祖母アニーも埋葬されていました。パイニー・グローヴのほかの大勢の住人たち、最近の住人もいれば、何世代にもさかのぼる住人たちもここに埋葬されています。

私たちは、マリオンさんの祖母の墓にもお参りしました。それは、美しい赤いバラでおおわれていました。ゴルディ・エヴァンズが一〇一歳で他界してからまだ一年にもなっていなかったのです。

ゴルディ・エヴァンズは、九〇歳代になってもライフルを背中に背負っていたそうです。

私たちが松の木立のなかにたたずんでいるとき、マリオンさんはこんなことを言いました。若いころ、日曜日の朝には、墓地のこのあたりにいると、音楽がまわりから聞こえてきたものだと言うのです。

マリオンさんが言うには、近くの二つか三つの教会から原っぱを越えて聞こえてくる礼拝のゴスペルの曲が、この先の大衆酒場《ジュークジョイント》で飲んで浮かれている人たちから聞こえてくる、年配者たちが言うところの「悪魔の音楽」と入り混じって、耳に入ってきたと言うのです。

そういう話をしているときのマリオンさんは楽しそうでした。聖なる者の記憶も罪深き者の記憶も、マリオンさんは好きだった。それが、私にもわかるような気がしました。

マリオンさんは、自分の縁者が一緒に永眠している墓地が愛《いと》しかったのです。自分の祖先が暮らしていた野原や細い川や湿地帯が愛《いと》しかったのです。

マリオンさんは、祖母やほかの年配者たちがマリオンさんを信じて託してくれた話をどれも愛《いつく》しんでいるようでした。それと同じくらいに、聖なる歌を歌う声も世俗の歌を歌う声もみんな天国に向けて響いているように聞こえる、そんな歌声が、マリオンさんには愛《いと》しく記憶されているようでした。

4 私が育った小さな基地の町で——公立学校の人種統合をめぐって

写真 2-19　ハヴロック小学校。元はチェリーポイント学校と呼ばれていたハヴロック小学校（ノースキャロライナ州ハヴロック）では、1960 年にすでに同州の他の公立学校より多くの黒人生徒が白人生徒と共に通学していた。写真は Eddie Ellis Collection 提供。

私が生まれる一年前、私の育った小さな町で、私が通学することになる［従来白人生徒だけの］小学校に三人のアフリカ系アメリカ人生徒が、ライフル銃を抱えたアメリカ合衆国海兵隊員たちに守られながら入学しました。それは、一九五九年八月二八日のことでした。その三人の生徒は、スコット家のアルフォンソとローランドとマーガレットでした。場所は、私の故郷の町、ノースキャロライナ州ハヴロックという、当時はアウターバンクスとクロアタン国有林の湿原とのあいだにある軍関係者の小さな町でした。

その日、スコット家の三人の子供たちと他の八人の黒人生徒たちが、それまでハヴロックの公立小学校で、白人と黒人を分離してきた壁を、初めて打ち壊したのです。そのうちの八人の生徒は［それまで白人生徒だけが通っていた］ハヴロック小学校に入学し、他の三人の生徒は町のもう一つの［白人生徒だけであった］公立学校グラハム・A・バーデン学校に入学しました。

それから三日後、ハヴロック小学校にはさらに六人の黒人生徒が加わりました。こうして、それまで白人生徒しか通学していなかったこの町の二つの公立小学校に、合計一七人の黒人生徒が入学することになったのです。

この生徒たちの父親たちは、チェリーポイント海兵隊航空基地（MCAS）に所属するアフリカ系アメリカ人男性でした。その航空基地は、ハヴロックの外《はず》れに広がった軍事施設で、第二次世界大戦下の太平洋上の任務に就く海兵隊員を養成する目的でつくられた基地でした。

そうした黒人海兵隊員の一人が、アルファンソとローランド（ジュニア）とマーガレットの父親ローランド・スコット（シニア）伍長でした。それから五〇年を経て、伍長の子供たちは、学校での人種統合の初日の思い出を［本章の最後のほうで紹介するように］『ハヴロック・ニューズ』紙の記者に語っています。

その記者は、ドゥルー・ウィルソンという有能なジャーナリストでした。その記事を読んで、私は驚きました。自分が一九五九年の二、三年後にハヴロックで幼少期を過ごしていたにもかかわらず、一九五九年八月二八日に勇気を出して登校したスコット家の子供たちや他の子供たちのことを、私は［その記事を読むまで］何も知らなかったのです。

それどころか、私は、学校での人種統合がハヴロックでそれほど早く始まっていたことに大いに驚きました。一九五九年の秋、それは、ノースキャロライナ州のどの学校区でも［従来からの］人種分離がまだほとんど普通に行なわれていた時期だったのです。

アメリカ合衆国の連邦最高裁判所が「ブラウン対教育委員会」裁判で公立学校における人種分離を憲法違反だと［一九五四年に］裁定してから五年が経過していても、ノースキャロライナ州では黒人生徒と白人生徒が同じ公立学校に通うという人種統合はまだほとんど実施されていなかったということです。

実際には、一九五九年初頭にノースキャロライナ州全体で黒人生徒一一人が白人生徒の学ぶ公立学校に通っていましたが、それは、ハヴロックとチェリーポイント海兵隊航空基地からは二〇〇マイル［約三二〇キロメートル］西方の複数の都市での出来事でした。

こうした人種統合についてもう少し調べていると、またもや驚くべき事実を知りました。ハヴロックのもともと白人だけの公立学校に一七人の黒人生徒が［一九五九年八月に］登校したという［前ページで紹介した］出来事が、なんとアメリカ合衆国の全国紙で大々的に報道されていたことを知ったのです。

UPI通信社によれば、ハヴロック小学校とグラハム・A・バーデン学校への黒人生徒の入学は、「ノースキャロライナ州での最大規模の人種統合だ」（傍点、引用者）というのです。

しかも、それは始まりにすぎませんでした。〔連邦議会で採択された一九五七年の公民権法に基づいて創設された連邦組織〕アメリカ合衆国公民権委員会《ユー・エス・コミッション・オン・シヴィル・ライツ》によれば、一九六〇年の時点でも、ハヴロック小学校の黒人生徒数は、ノースキャロライナ州のどの公立学校の累計数より多かったのです。

それからの二年間、ノースキャロライナ州の他の地域における学校の人種統合は事実上進展しませんでした。ところが、ハヴロックの公立学校では、さらに人種統合が進みました。一九六一年、私の故郷の町では、ノースキャロライナ州全土の公立学校で白人生徒と一緒に学ぶ黒人生徒数の合計人数とほぼ同数の黒人生徒が、白人生徒と一緒に通学していたのです。

これらの事実は、どれも私にとって驚きでした。こんなことが起きていたとは全く知らなかったのです。私は、ハヴロック出身の友人たちと連絡を試みるとともに、私の元教師の一人を探し当てて、その人たちにも話しました。誰もが、私と同じく、出来事の数年後に入学したり教壇に立ったりしていたにもかかわらず、何も知らなかったのです。

歴史を調べているときよく起きる感覚ですが、まるで記憶喪失というベールで耳や目がおおわれていたかのような気がしました。

もちろん私は、もっと知りたくなりました。一九五九年にハヴロックとチェリーポイント海兵隊航空基地に何が起きていたかを正確に知りたいと思いました。学校の人種統合がどのように起きて、なぜそれほど早く実現し、それが私の故郷の町や他の地域にとってどのような意味をもっていたのかを知りたいと思いました。

それで、もう少し歴史を調べてみることにしました。その矢先、私はこれこそ、T・S・エリオットが『フォア・クオーターズ』の最後に「私たちの探検が成就したとき、私たちは自分たちが出発した場所に戻り、初めてその場所について知ることになる」と言っているのと似たような現象だろうと、ふと思ったのを鮮明に記憶しています。

＊　＊　＊

調べ始めてすぐに私は、アメリカ合衆国陸軍軍事史センターが作成した学術的にすぐれた研究書の存在を知り、ハヴロックでなぜそれほど早く学校の人種統合が実現したかを理解することができました。

その研究書は、一九八一年に出版された六四七ページの報告書で、国防総省統合参謀本部所属の歴史研究者モリス・J・マッグレガー（ジュニア）によって書かれていて、『軍隊の人種統合、一九四〇年～一九六五年』と題されたものです。誰でもインターネット上でこの報告書を読むことはできますが、ハヴロックでの学校における人種統合を手っ取り早く理解できるように関連箇所を必要に応じてお示ししたいと思います。

まず、アメリカ合衆国海兵隊（ＵＳＭＣ）におけるアフリカ系アメリカ人の歴史を少し見ておく必要があるでしょう。

写真 2-20　ＵＳＳレプリザル号の彫刻。同号は今日、独立戦争期のブリグ船戦闘史に加えて、独立戦争期に新しい共和国の最初の外交官としてフランクリンをフランスに運んだ船としても知られている。出典：O. L. Holley and Alexander Anderson, *The Life of Benjamin Franklin* (1848)。

まず、フィラデルフィアで一七七五年に初めて創設されたアメリカ合衆国海兵隊の最初のアフリカ系アメリカ人が実際に奴隷とされていた男性であったことを覚えておきましょう。その男性は、英語名がジェイムズ・マーティン、アフリカ名がキートウでした。

ジェイムズ・マーティン／キートウは一七七六年に、自分を奴隷として所有している人物には知らせずに海兵隊に入隊しました。キートウは、ＵＳＳレプリザルという名のブリグ船に乗船していた海兵小隊と共に働き、そのブリグ船で海兵隊乗組員として多くの戦いに参加し、その後、一七七七年の嵐でブリグ船と共に沈みました。

独立戦争においてキートウや他の黒人海兵隊員が示した勇敢さにもかかわらず、アフリカ系アメリカ人は、正式に再編された海兵隊から一七九八年以降、排除されることになりました。それから一五〇年近く、アメリカ合衆国海兵隊への黒人入隊は禁止されていたのです。

写真 2-21　青い制服姿のモントフォード・ポイント海兵隊。1943 年 5 月ころ。National Archives 所蔵。

その状況が第二次世界大戦期に変化しました。一九四二年に〔再編後〕最初の黒人隊員が、ハヴロックから四五マイル〔約七二キロメートル〕離れたモントフォード・ポイント基地で入隊し、海兵隊訓練が始められたのです。その時点での海兵隊は、訓練も宿舎も隊組織も人種によって分離されていました。大戦下の海兵隊指揮官たちは、ほとんど全ての黒人海兵隊員を海軍設営部隊の黒人部隊に所属させていました。設営部隊の仕事は、太平洋における海兵隊の水陸両用戦力を支援する建設作業や荷運びなどでした。

とはいえ、黒人海兵隊員は戦時下において、ときには戦いに突入させられることもありました。ペリリューの戦いではとりわけ重要な役割を果たしました。この戦場は、西太平洋

写真 2-22　モントフォード基地で訓練されて、アフリカ系アメリカ人の海兵隊員は、1944 年 9 月にペリリュー島での上陸部隊として海兵隊第一部隊に所属していた。フランクリン・フィッツジェラルド撮影。National Archives 所蔵。

に遠く離れた環状サンゴ島にあり、日本軍との激戦地となり、一九四四年の秋、七三日間にわたる戦いが繰り広げられました。（ついでながら、私の父もペリリューにいました。）

第二次世界大戦直後のこと、黒人海兵隊員の状況が変化し始めます。一九四八年、トルーマン大統領が、今やよく知られている大統領令九九八一号を発布し、上部から下部に至るまでアメリカ合衆国海兵隊および他のアメリカ合衆国軍隊での人種統合を命じ、募集や任務や昇級における人種差別が禁止されました。

人種間の平等という確固たる信念をトルーマンがもっていたわけではありません。ただ、トルーマンには大統領令九九八一号を発布するもっともな理由がありました。それは、ちょうど「一九〇九年にニューヨークで結成された」全国黒人向上協会（ＮＡＡＣＰ）をはじめとする全国的な公民権組織が、軍隊における人種統合を、その目標の第一として掲げている時期であり、まさにそのときトルーマンは、一九四八年の大統領選挙で再選されるためには北部都市での黒人票を、のどから手が出るほど必要としていたのです。

写真 2-23　ジョージ・S・パットン中将が 1944 年 10 月 13 日に、フランスのシャトーダン解放での功績を称えて、兵卒アーネスト・A・ジェンキンズに銀星のバッジをつける。第二次世界大戦では、120 万人のアフリカ系アメリカ人男女がアメリカ軍の任務に就いた。National Archives 所蔵。

さらに、他の多くのアメリカ人と同様にトルーマンも、第二次世界大戦後に南部諸州に帰還した黒人退役兵士が地元でリンチされ殺害される事件や、人種がらみで横行した襲撃事件などを知って、激怒していたことも事実です。

報告書『軍隊の人種統合、一九四〇年〜一九六五年』によれば、アメリカ合衆国海兵隊では、人種統合が次の一〇年間にわたる作戦となり、指令事項になっていたというのです。朝鮮戦争が本格化し、黒人兵募集が必要不可欠となった海兵隊司令部は、人種分離が維持されれば、それだけ戦闘意欲が削がれるであろうということを認めていたわけです。

司令部では、海兵隊で人種差別体制〔以下、ジムクロウ体制〕を維持するなら、黒人兵士の士気を削ぐばかりか、黒人兵士募集にも悪影響を及ぼすだろうと懸念していました。

こうして、アメリカ合衆国海兵隊では一九五〇年代に、人種別に分けた訓練や部隊編成が廃止されただけでなく、兵舎や住居施設での人種分離も廃止されました。さらに、海兵隊司令部では、食堂や（ジム、運動場、プール、軍人クラブなどの）娯楽施設でも人種統合を命じました。

一九五四年、海兵隊の指導者たちは、アメリカ合衆国最高裁判所による「ブラウン対教育委員会」裁判の判決で勢いを得て、海兵隊基地で連邦資金によって運営されている学校での人種統合も命じました。これは、いくらかの混乱はあったにせよ、アメリカ合衆国内の海兵隊軍事施設および海外の基地で一九五七年までに比較的順当に、粛々と実施されました。

トルーマンによる大統領令九九八一号が海兵隊基地で実施されると、黒人海兵隊員の基地での生活は大きく変化しました。しかしながら、黒人海兵隊員が基地を出て、民間の店舗で食事をしたり買い物をしたりするなど、何かしようとすると、とりわけ南部諸州では、問題が生じました。

写真 2-24　ノースキャロライナ州ダーラム市のバス停。1940 年。第二次世界大戦中のノースキャロライナ州では、黒人海兵隊員がダーラム（この写真）や州都ラリーやロッキーマウントなど都市部でジムクロウ待遇を拒否したとき、人種分離されたバスや列車の駅が、抗議や口論で一触即発の場となった。Library of Congress 所蔵。

そういう場合、黒人海兵隊員は、制服姿の著名な退役兵士であっても、「黒人のみ」の店舗や場所に行かされるのです。［白人のみを顧客とする］レストランでは［黒人隊員に］食事が提供されませんでした。［アイスクリームやソーダなどが販売される］カウンターの椅子に座ることが許されませんでした。モーテルでは家族も宿泊が許されていなかったのです。小売商が何か提供するとしても、それは勝手口であったり、白人顧客への接客が終わった後だったりしたのです。

したがって、基地の外に出ると、黒人海兵隊員は、映画館でも列車やバスターミナルの待合室でも、「黒人のみ」の区画に座らなければなりませんでした。バスに乗るときは、後部座席に座らなければなりませんでした。トイレも「黒人のみ」のトイレを使わなければなりませんでしたし、何度となく「おい」と呼ばれたり、自己の尊厳を守ろうと立ち上がれば、脅されたり殴られたり留置所に入れられたりしたのです。

こうして、黒人海兵隊員たちは、どうしようもない拘束状態に置かれていました。

軍事史研究者モリス・J・マッグレガーは、先の報告書『軍隊の人種統合、一九四〇年〜一九六五年』で、黒人海兵隊員にとってそれが何を意味したかを、次のように述べています。

黒人兵士たちはどうだろうか？　一九六〇年に軍に入隊した黒人は、一九五〇年に入隊した黒人とは異なり、人種統合された軍隊に入った。黒人兵は、分担する任務や昇進や軍における正当性の適用などの点でまだ不平等の名残があることにすぐ気づくだろうが、しばらくすると、初めて人種ではなくむしろ能力によって評価されることが多いことに気づき、不平等の名残など小さな苛立ちにすぎないと思うようになる。

ところが、民間の社会ではそうではなかった。民間では、黒人兵士の制服の効果は、一九五〇年も一九六〇年もほとんど変わらなかった。やがて、一九六〇年に基地の内側と外側でのあまりにも異なる状況に耐えられず、黒人兵とその共感者たちが、基地外の住居や学校や公共施設での人種差別に対抗する国家介入要請を「アメリカ合衆国」国防総省に突きつけるようになる。

こうした状況でしたから、「人種差別を当然視する」地元の白人住民と、「人種差別をめぐる闘いの途上で」「休戦」を拒む黒人海兵隊員とのあいだには、暴力的な衝突が生じることさえありました。そうした衝突は、黒人海兵隊員が公衆の面前で侮辱されたときに起きることもありましたし、ときには、地元のジムクロウ体制に応じないという廉《かど》で地元の警察官が黒人兵士を逮捕しようとするときに起きたりもしました。

当然のことですが、アフリカ系アメリカ人の海兵隊員が、そうした侮辱を、人種や人間性をめぐる口論とは別の由々しき事態、言い換えれば、人種や信条にかかわらず国家のために犠牲を払ってきたアメリカ合衆国海兵隊に対する不敬の表われだとみなすこともありました。

アメリカ合衆国海兵隊に三〇年間勤務した退役軍人の息子として私にも言えることがあるとすれば、それは、アメリカ合衆国海兵隊に対する不敬は、一線を越えた行為であるということなのです。多くの人びとが認知していることだとは思いますが、海兵隊員は、「隊」への強い忠誠心と深い兄弟姉妹感を共有しているのです。

一九五〇年代の南部諸州の町では、黒人海兵隊員が基地の外に出ると、隊員は、男性も女性も、「隊」への敬意ではなく、白人優越主義が第一義となる世界に入り込むことになったのです。そうした状況が、私が先ほど引用した軍事史研究者マッグレガーの言葉にもあるように、隊員には「耐えられなく」なってきていたのです。

＊　＊　＊

最初の発火点は、公立学校への通学問題でした。先に述べたように、軍事基地のなかには、学校を備えていた基地もありましたが、多くの基地には学校がありませんでした。それゆえ、黒人兵士の子供たちは、基地外にある民間の学校に通っていました。ジムクロウ体制下の南部諸州に駐屯する黒人海兵隊員とその配偶者たちは往々にして、自分たちの子供を、基地からかなり離れた、人種で分離されている黒人生徒だけの学校に送るしかなかったということです。

たとえば、チェリーポイント海兵隊航空基地の場合では、白人隊員の子供たちは、ハヴロックの公立学校に歩いて行くことができます。町の公立学校は、基地のすぐわきに建っていました。その一方、アフリカ系アメリカ人隊員の学齢期児童は、ジェイムズ・シティと呼ばれる町に以前からある黒人学校にバスで通学していました。そこは、チェリーポイント海兵隊航空基地のゲートから一七マイル［約二七・二キロメートル］離れていて、バスで往復一時間かかりました。

全国黒人向上協会（NAACP）は、一九五〇年代初頭の全国大会で、軍主導の公民権政策を称賛しました。ところが、一〇年が経過するにつれて黒人海兵隊員も全国の公民権指導者たちも、ジムクロウ体制下の学校教育に対する軍の取り組み具合に不満を抱くようになっていました。そういう具合でしたので、黒人隊員たちは、自分たちの子供が通学の際に送り込まれる民間社会での人種差別廃止を目指して、軍指導者側がその影響力を発揮すべきであると考えて、軍に圧力をかけました。

改善の余地がたくさんあったのは明らかです。一九五〇年代を通して、［アメリカ合衆国］国防総省は、確かに人種平等政策を支持していたものの、軍事基地近隣の民間社会で黒人海兵隊員の男女が受ける処遇については、沈黙していたのです。

軍隊の方針では、ジムクロウ体制下で黒人海兵隊員たちに生じる問題にいかに対応するか否かは、基本的に各基地の司令官たちの判断に任せられていました。言い換えれば、軍当局は判断を各司令官に任せていただけであって、基地の外に顕在する人種差別的な環境を変える改革を各司令官が進めるように応援したり、要請したりはしていませんでした。

もちろん当時のアメリカ合衆国海兵隊基地の司令官は、全て白人でした。しかも、その多くが、人種分離とジムクロウ体制下の学校教育を支持していたのです。支持していない司令官もいるにはいましたが、個人的な見解は別にして、南部諸州に配属された軍事施設の司令官たちは、地元で「問題を起こさない」という選択肢を選ぶのが常でした。

軍隊の司令官たちは、軍事施設と地元の白人民間指導者との友好関係が揺らぐことを恐れて、軍関係者の子供たちが人種分離されている学校に入学することをただ黙認していたのです。

ところが、一九五九年のチェリーポイント海兵隊航空基地には、それを黙認しようとはしない人物がいました。

＊　＊　＊

私にわかっているのは、その人物こそが一九五九年から一九六一年にかけてチェリーポイント海兵隊航空基地の司令官を務めたラルフ・キャスパー・〈R・K〉・ロテット准将だったということです。論争となりそうな問題で、海兵隊にとっても周辺の民間社会

写真2-25　R・K・ロテット中将。1967－1968年ころ。このころ、中将は、海兵隊本部の参謀副長。1967年7月1日に三度目の星形勲章を受章した。写真は、シェリー・（ロテット）・ウィン提供。

にとっても多大な影響をもたらすような重大な問題が生じると、先にも述べたことですが、航空基地の司令官がその問題解決の責任を取らされることになります。

一九五九年三月、ロテット准将は、チェリーポイント着任時に、黒人海兵隊員と地元の公立学校をめぐる危機的状況に遭遇したにちがいありません。

私にわかっている確かなことというのは、何人かは不明ですが、かなりの人数の黒人海兵隊員が、地元の公立学校が人種分離であったことを理由に、チェリーポイント海兵隊航空基地からの転出を要求していたということです。

その黒人海兵隊員たちが他の方面での人種分離問題を話題にしていたかどうか、私にはわかりませんが、話していた可能性はあります。

その黒人海兵隊員たちの心配事がいかにして准将の耳に入ったかは別にして、ロテット准将は、隊員たちの声に耳を傾ける軍指導者であったようです。

【コラム1】ロテット准将について調べてみました。

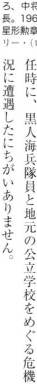

インディアナ州に生まれ育ったラルフ・キャスパー・ロテットは、アメリカ合衆国海軍アカデミーを一九三四年に卒業しました。第二次世界大戦中には、勲章を与えられた戦闘飛行士で、一九四三年から一九四四年にかけてマーシャル諸島での勇気ある行動に対してブロンズ・スター勲章と殊勲飛行十字章を受章しました。朝鮮でも戦闘に加わり、その後、アメリカ合衆国でも日本でもアメリカ合衆国海兵隊で上級指導者の任に就きました。

私がロテットの娘で現在ジョージア州ゲインズヴィル在住のシェリー・ウインと、ノースキャロライナ州ダーラム在住の息子ジョン・ロテットに会ったとき、二人は、自分たちの父親と母親は公民権活動家ではなかったけれど、筋の通った良識の持ち主だったと話してくれました。二人の親たちは、人は誰でもその肌の色ではなくその資質によって評価されるべきだと固く信じていたそうです。

写真 2-26　ラルフ・K・ロテットと妻アデルと子供たち。1967 年 7 月。一番左に立っているのがジョン。シェリーと姉シャーリーンは右。その兄弟のリック（前列左）とスパーク（前列右）。写真は、シェリー・（ロテット）・ウイン提供。

両親がチェリーポイントに移ったとき、シェリーは一二歳で、たとえば、父親が自分の指揮下にある黒人海兵隊員たちをいかに擁護し、その昇進を支援していたかを憶えていました。

家族がチェリーポイントに移ったとき小学校三年生だったというジョンは、その年齢で人種について考えることはできなかったと話してくれました。しかし父親が、自身の指揮下にあった黒人海兵隊員を応援して立ち上がっていたことを（もちろん戦場での経験でさえ）家族に話していなかったとしても、ジョンは驚かないと言います。

ジョンは私にこう言いました。「私の父は、筋の通った人でした。威張り散らす人じゃなかったですよ。やり手でしたけど」と。
この二人の父親は、海兵隊に三四年の現役勤務の後、一九六八年に中将として退役しました。

ロテット准将は、チェリーポイントに到着してから数週間で、一九五九年の三月末から四月初めにかけてですが、ハヴロックの公立小学校を人種統合するように特別に要請した、もしくは、少なくとも要請することを認可しました。

その要請は、「ハヴロック学校区委員会」と呼ばれる組織宛に送られました。

そのころ、ハヴロック学校区委員会は、ハヴロックの公立学校に助言する諮問機関の役割を担っていました。ハヴロック学校区委員会は、郡都ニューバーンに拠点を置くクレイヴン郡教育委員会の管轄下にありました。

ロテット准将が自身の権限を最大限に行使して人種統合を要請した、と考えても妥当だろうと思います。それは、当時のハヴロックに浸透していた状況とは相反する要請でした。どの学校の教育委員会も、何か圧力がかからない限り、教育現場での人種統合を受け入れようとはしていなかったからです。

〔ロテット准将が着任した〕一九五九年三月の時点でノースキャロライナ州全域において白人生徒と同じ学校に通う黒人生徒は、まだ一二人のみでした。

この一二人の黒人生徒のうちの一一人は、私が最初に驚いたように、ハヴロックやチェリーポイント海兵隊航空基地から遠く二〇〇マイル〔約三二〇キロメートル〕西方に離れた三都市（シャーロット、グリーンズボロ、ウインストンセーラム）の学校に通っていました。

そのうちの〔一二番目の生徒〕一人は、同年三月に入学したばかりでした。その生徒は、州都ラリーから東の地域、つまり南北戦争前にはプランテーションを基盤とする奴隷制が牛耳っていた地域において、白人生徒の通う公立学校に在籍しているただ一人の黒人生徒だったのです。その生徒は、ゴールズボロのメドウ・レイン小学校〔コラム4参照〕への入学を許可されたばかりの八歳の少年（軍兵士の息子）でした。

何しろ州のほぼ全域が人種分離されている状況でしたから、海兵隊がハヴロック町とクレイヴン郡に与える影響は、どれだけ大げさに言っても言い過ぎにはならないでしょう。

そもそもハヴロックの町は、チェリーポイント海兵隊航空基地の登場で誕生したのです。一九四二年に基地が建設される前のハヴロックは、「ハヴロック駅」と呼ばれる、ひっそりとした小さな集落で、舗装道路が一本と、店が二軒、それに鉄道の駅があるだけでした。

写真2-27　ハヴロック町の紋章。チェリーポイント海兵隊航空基地との関係が強調されている。写真はハヴロック町提供。

その町が第二次世界大戦中に、海兵隊と何千人という建設労働者や他の民間人たちで大賑わいになったのです。ある意味、この小さな集落は一九五九年の時点でも、まだしっかり落ち着いてはいなかったでしょう。現に、その年、ハヴロックは正式に町として創設されたばかりだったのです。

したがってハヴロックは、言うまでもなく、チェリーポイント海兵隊航空基地に依存していました。海兵隊関係者を顧客としていない地元商人はいませんでした。それに、この基地は、ハヴロックやクレイヴン郡ばかりか、ノースキャロライナ州全域でも、民間人を多く雇う有数の雇用主でもあったわけです。

同様に、町の二つの小学校も、国防総省が、チェリーポイント海兵隊航空基地に駐屯する隊員の子供たちに教育の機会を提供する目的で連邦資金を使って建設していました。基地のそうした影響力を考慮すれば、ロテット准将とその部下たちが、公立学校への人種統合要請を行き渡らせようとして、大声を上げる必要はなかったのかもしれません。

＊　＊　＊

一九五九年の春、物事は素早く動き出しました。四月になると、「ロテット准将からの要請を受けた」ハヴロック学校区委員会は、黒人海兵隊員の子供たちを地元の小学校に入学させることに賛同する案を採択し、その決議をクレイヴン郡教育委員会に送りました。

一九五九年七月六日、この郡教育委員会の会合で、その議事録によれば、郡教育長R・L・ピューが「ハヴロック学校区の特定の子供たちを翌年度から人種統合するという決議案」を提出していました。そして郡教育委員会は、それを検討することに同意したのです。

それから一週間ばかり後の一九五九年七月一三日に郡教育委員会は、非公開会議でハヴロック学校区の決議案を採択しました。こうして、郡教育委員会の委員たちは、子供たちをハヴロックの公立学校に入学させたいという、チェリーポイント海兵隊航空基地に住む黒人家族からの願書を「条件付き」で受け入れることに同意したのです。

翌日、ニューバーンの日刊紙『サン - ジャーナル』にクレイヴン郡教育委員会決議の全文が掲載されました。

その決議文によれば、郡教育委員会は、学校教育における人種統合の是非を議論したわけではなかったのです。同委員会は、人種をめぐる公正さ、公民権の問題、あるいは、アメリカ合衆国最高裁の「ブラウン対教育委員会」判決に対応しているか否かの議論を経て決議したかどうかについても、何も述べていなかったのです。

郡教育委員会は、それらの基準とは異なる筋道、おそらく当時の状況下において無難で巧妙な筋道を立てたのです。

郡教育委員会は、人種の問題を課題として認知する代わりに、ハヴロック以外の町の学校に子供たちをバス通学させざるを得ない軍関係の親たちの窮状に対応するために、常識的な解決方法として、ハヴロックの学校での人種統合を決議した、と説明しています。

もちろん、ほかの地域の数多くの教育委員会も同様に学校教育の人種分離解消を正当化することはできたはずですが、そうした委員会は、私の知る限り、ありませんでした。

郡教育委員会決議によって明らかになったのは、他の地域と違って、先にも触れたように、ハヴロックには、チェリーポイント海兵隊航空基地が存在していたということです。

七月一三日の決議文で、郡教育委員会は、「先述の軍当局との協力を積極的に願うこと」を表明して、黒人の親たちにとっての心配事を考慮すると同時に、チェリーポイント海兵隊航空基地の使命を妨げないように配慮する姿勢を、強調していました。郡教育委員会決議文には、基地と家族の状況について、

「子供たちの」通学から生じる問題で、困難を抱えることになった親たちが、「チェ

リーポイント海兵隊〕航空基地からの転出を要請するに至っています。

と述べられているのです。

郡教育委員会の委員たちは決議文で、黒人の親たちからの入学願書をどのように評価するのかを示してもいませんでしたし、入学を許可する黒人児童の数を制限するか否かについても何も述べてはいませんでした。

【コラム2】

クレイヴン郡教育委員会が学校教育の人種統合を支持しようとしていた背景には、もう一つの要因があるかもしれません。というのも、ハヴロックの黒人家族が町の高校での人種統合を望んで、教育委員会に圧力をかける動きがあり、それは、少なくとも一九五八年の夏から続いていたのです。

そのころハヴロックにはアフリカ系アメリカ人生徒のための高校はありませんでした。教育委員会は、ハヴロック高校への黒人生徒の入学を認めずに、二二マイル〔約三五・二キロメートル〕離れたビューフォート郡にあるアフリカ系アメリカ人用のクイーンストリート高校にバス通学させていたのです。

一九五八年七月には、地元ハヴロックの二五人の黒人高校生の親たち（軍関係者ではない）がビューフォート郡ではなくハヴロック高校に自分たちの子供を入学させる許可を要請していました。首都ラリーより東の地域においてはそれが、学校教育の人種統合を求める、当時としては最初の要請だったということが、新聞で報道されています。

　郡教育委員会が入学願書を拒否すると、親たちは、現地の公民権組織NAACP支部の活動家ウィリー・ヒックマン牧師に導かれて、ハヴロック高校への入学を求める裁判を起こそうとしていました。一九五九年八月の段階で裁判の行方がどうなっていたか私にはわかりませんが、その時点で黒人生徒たちはまだ地元の高校に通学してはいませんでした。

＊　＊　＊

　一九五九年、学校教育の人種統合が南部諸州ではほとんど進んでいない時期に、クレイヴン郡教育委員会が黒人海兵隊員の子供たちを白人児童と同じ学校に通学させると決議したことは、クレイヴン郡以外でも広く知られるようになりました。

　そのニュースは、とりわけ黒人人口の多い南部で注目されました。ノースキャロライナ州ダーラム市では、州内でもっともよく知られているアフリカ系アメリカ人経営の新聞『キャロライナ・タイムズ』が典型的な反応を示しました。

　一九五九年七月一八日の同紙には、ハヴロックの学校について「人種分離の壁は崩れ続ける」と題した社説が掲載されました。

写真 2-28　公民権指導者でジャーナリストのルイス・オースティン。1971 年に死亡するまで 1927 年から『キャロライナ・タイムズ』の社長を務めた。同紙は、ノースキャロライナ州東部の黒人地域で広く読まれた。Durham Country Public Library 所蔵。

その社説で、同紙の編集者でもあるルイス・オースティンは、次のように書いていました。

　クレイヴン郡教育委員会がハヴロックの二つの白人学校に黒人生徒の入学を今週認めたことで、この州における人種分離の壁がまた一つ崩れた。その生徒たちは、チェリーポイント海兵隊航空基地の連邦政府宿舎に住んでいる海兵隊員の子供たちであるが、疑いもなく黒人であり、この知らせのお陰で、連邦政府管轄ではない土地に建てられた学校でもやがては人種統合が容易になるだろう。

ついでながら、オースティンは、ハヴロックの二つの小学校が、［建設は連邦資金によっていても］「連邦政府管轄の土地」に建てられてはいなかったことに気づいていないようです。

＊　＊　＊

それから六週間ほど経った一九五九年八月二四日のこと、クレイヴン郡のピュー教育委員長は、同教育委員会がチェリーポイント海兵隊航空基地の黒人海兵隊員の子供たち一七人をハヴロックの小学校に入学させる、と公表しました。

その生徒数は少ないかもしれませんが、その数は、その前年のノースキャロライナ州全体で白人生徒と同じ学校に通学していた黒人生徒の合計数より大きな数値であることを忘れてはなりません。

ハヴロックの学校で授業が始まる前のある日のこと、『シャーロット・オブザーバー』紙が、「一七人は九家族の子供たちで六歳から一二歳である」と報道していました。その全員が軍隊関係者の子供たちでした。

その子供たちの大半は、［ハヴロックの学校が人種統合される前には］ジェイムズ・シティにバス通学させられていたのです。

ただし、少なくとも一つの黒人家族の子供たちはハヴロックにある聖告カトリック学校に通っていました。その聖告カトリック学校は地元のカトリック教区の学校で、ノースキャロライナ州で最初に人種統合した私立学校でした。（私は、幼い時期に聖告カトリック教会のミサに出ていましたが、その学校には行きませんでした。）

【コラム3】

ヴィンセント・S・ウォーターズ司教は、社会的には保守的で聖職者として極端に独断的でしたが、アメリカ合衆国最高裁判所が「ブラウン対教育委員会」判決を出す前年、一九五三年に州都のラリー教区で全てのカトリック教会とその系列の学校で人種統合を命じました。それは、アメリカ合衆国内でも初めてのことでした。司教によるこの命令は、ノースキャロライナ州でかなりの物議をもたらしましたが、アメリカ合衆国内でも世界の他の地域でも公民権と人権に関心をもつ指導者たちからは大きな支持を受けました。

＊　＊　＊

一九五九年に始まる学年度の授業の初日は八月二八日でした。『ハヴロック・ニュース』紙の記者ドゥルー・ウィルソンが二〇一四年に実施したインタビューによると、授業の初日には物事が予定通りできるだけスムースに運ぶようにするため、ハヴロックの公立学校には武器を所持した海兵隊員たちが臨席したそうです。

その海兵隊員たちは、白人優越主義を唱える市民が学校での人種統合に反対して騒ぎを起こすかもしれないという噂《うわさ》があったため、警護にあたったのかもしれません。あるいは、そうした隊員による警護は、ロテット准将とその部下たちの側とハヴロックの学校の指導者たちの側の双方の警戒心を単に反映していただけなのかもしれません。

そのころの南部諸州では白人が暴力をふるう恐れは、非常に現実的なものでした。一九五七年の「アーカンソー州」リトルロック高校の危機は記憶に新しく、学校での人種統

写真 2-29　木の十字架を燃やすクークラックスクランたち。クレイヴン郡の北側にあるピット郡で。1966 年 3 月。学校教育の人種統合に反対する白人優越主義者の言動によって東部ノースキャロライナ州では、とりわけ 1964 年から 1967 年にかけてクークラックスクランの活動が復活し拡大した。The Daily Reflector Image Collection, ECU Digital Collections 所蔵。

合に反対する白人による抵抗には激しいものがありましたし、その後の何か月、いや何年にもわたって、多くの地域社会で暴力事件が頻繁に起きていました。

そういう状況は、ノースキャロライナ州のクレイヴン郡にもありました。

しかしながら、海兵隊員による警護が必要であったか否かは別にして、ノースキャロライナ州の新聞によれば、ハヴロックで人種統合が実施された初日の授業は、大きな混乱もなく終わったようです。

ダーラム市の『ヘラルド・サン』紙の記事で、W・J・ガーガナス校長（後の私の校長）は、ハヴロック小学校の授業初日は「何事もなくなめらかだった」と述べていました。首都ラリーの『ニューズ&オブザーバー』紙の記事にも、ガーガナス校長の気持ちが綴られていました。人種統合が実施された翌朝の同紙には「金曜日の授業の初日に混乱なし」と報道されていました。

ノースキャロライナ州バーリントンでは地元紙『デイリー・タイムズ・ニュース』の第一面に授業初日のことが次のような見出しで報道されました。

「ハヴロック学校の人種統合は何事もなく始まった」

同様の見出しが州内外を問わず目につきました。地方紙のみならず、全国的な報道陣にとっても、どの公民権組織にとっても、その年に学校教育の人種統合で報道に値する進展を見せていたのが、ハヴロックの状況であったようです。

たとえば、その年の晩秋のころ、UPI通信社の電文記事が南部諸州の学校教育における人種統合の進展を要約して、ハヴロックの公立学校で一七人の黒人児童が入学したのは、「これまでのところノースキャロライナ州で最大の人種統合である」と報じていました。

＊　＊　＊

ところが、ハヴロック小学校とグラハム・A・バーデン学校の黒人生徒たちの思いは、違っていました。

先ほどから紹介しているドゥルー・ウィルソンの実施したインタビューによれば、一九五九年の秋に地元の公立学校の授業に出た最初の黒人生徒たちにとって、授業の初日も学校の初年度も、「何事もなくなめらか」とか、「何事もなく」という具合には記憶されていませんでした。

二〇一四年に六二歳になっていたローランド・スコット（ジュニア）はウィルソン記者に、ハヴロック小学校での授業の初日の朝について次のように語っています。

私にはなぜ大勢の兵士たちがいるのかわかりませんでした。兵士たちは、道路の両側の歩道に並んで立っていて、私らはその間を歩いた。まわりで数人が何か叫んでいたね。そのときは、なぜ叫んでいるのかわからなかった〔中略〕。私らは護衛されて階段を昇って、報道陣が私らの前にも後ろにもいて、写真を撮ってた。

ローランドの弟アルフォンソ・スコットもその日のことを憶えていました。兄や姉と違って、アルフォンソは一九五九年八月まで学校に行ったことがありませんでしたから、その日が一年生の初日だったのです。

学校まで歩いて行って、何人かの人が何か言ってたのを憶えてる。ま、無視しようとしたね。名前を呼ばれたりなんかして、居心地が悪かったよ〔中略〕。自分のことが嫌われてる、自分にここにいてほしくないんだ、っていうのがわかった気がしてね。私らが階段を昇って学校に入っていく写真が新聞に載ったのを憶えてるね。

そのインタビューでアルフォンソ・スコットは、ハヴロック小学校にいた日のことは、あまり思い出さないようにしている、とその内心をうちあけていました。

「学校じゃ、歓迎されてなかったからね」と、アルフォンソは説明しました。

しょっちゅうNで始まる言葉［侮蔑的に吐かれる「ニガー」など］なんかが聞こえてきたし〔中略〕。教室に入ると、すぐ着席して、黙ってた。誰も話しかけてくれないしね。〔中略〕誰も私なんかと一緒に遊びたがらないしね。〔中略〕そんな毎日だったね。しばらくして、そういうことがわかったってわけさ。

アルフォンソ・スコットは、そのうち白人の友達が見つかったけれど、ハヴロック小学校ではつらい一年を過ごした、とウィルソン記者に語っているのです。

その白人友達の家族のことを、アルフォンソはとても好意的に回想しています。「あの人たちは良い人たちだった。偏見をちっとももっていなかったよ。その友達と毎日一緒に遊んだものさ。その友達の友人たちは、友達を私に敵対させようとしたけどね。〔中略〕その友達の名はトニーさ。トニーは私のただ一人の友達で、とってもいい友達だった」と。

スコットの家族がハヴロックの公立学校に関わったのは一年だけでした。翌年の授業が始まらないうちに、［転出希望を出していた］父親ローランド・スコット（シニア）軍曹が、ほかの海兵隊基地に転属になったからです。

スコット軍曹の転出希望が認められたのは、ハヴロックの公立学校での子供たちの経験の所為《せい》なのかどうか、それは不明です。

＊　＊　＊

白人優越を唱える人たちからの挑戦にもかかわらず、黒人海兵隊員とその子供たちは、ハヴロックにおける学校教育の人種統合をあきらめはしませんでした。人種統合が始まってしまうと、一種のはずみができたのです。

アメリカ合衆国公民権委員会《ユー・エス・コミッション・オン・シヴィル・ライツ》によれば、一九六〇年にはハヴロック小学校に通学する勇気のある黒人生徒がすでに二五人いました。そのハヴロック小学校の黒人生徒数は、同年、ノースキャロライナ州全体で人種統合されたどの学校の黒人生徒数よりも多かったとされているのです。

その当時、ハヴロックの二つの小学校とノースキャロライナ州ゴールズボロのメドウ・レイン小学校には、ノースキャロライナ州の他の人種統合された学校に通う黒人生徒の合計数より多くの黒人生徒が通っていました。

【コラム4】

ちなみにメドウ・レイン小学校には、ノースキャロライナ州ゴールズボロにあるシーモア・ジョンソン空軍基地の兵士の子供たちが通っていました。その学校は、ちょうど基地の外にあり、地元の学校でしたが、通学している生徒は軍関係者の子供たちだけでした。メドウ・レイン小学校が黒人の空軍関係者の子供を受け入れ始めたのは一九五九年の春でした。しかしながら、メドウ・レイン小学校に通う黒人児童の数は、ハヴロックの学校と比べれば少人数にとどまっていました。

一九六一年になっても、先に申し上げたとおり、ノースキャロライナ州全体の公立学校で白人生徒と同じ学校に通う黒人生徒の総数は、私の故郷の町で公立小学校に通学していたアフリカ系アメリカ人の子供の数と同じくらいだったのです。

一九六二年から一九六三年にかけての学年度になると、州内の白人公立学校ではその

大半が黒人生徒一人の入学でさえもまだ拒否していたのに対して、ハヴロックの学校の人種統合はさらに拡大されていました。その学年度には、人種統合が小学校の域を越えて、町の中学校や高校にまで広がり、少なくとも五一人の黒人生徒が白人生徒と同じ公立学校に通学していました。

ノースキャロライナ州の三大都市部の学校区（ダーラム市、アッシュヴィル市、シャーロット市＝メッケルンバーグ）は、人種統合された学校に通学する黒人生徒数の合計人数で、一九六三年の秋にどうにかハヴロックに追いついたのです。

ハヴロックの公立学校は、その後も、学校教育における人種統合をさらに推し進めていきました。

私が一九六六年に一年生として入学したとき、私は幼くて無邪気で、学ぶべきことがまだまだたくさんある時期でしたから、黒人生徒と白人生徒が一緒に学校に行かないという世界があったことなど、想像もしていませんでした。

5

「帰郷したとき敵陣に入っていたのです」
——黒人海兵隊員とチェリーポイント海兵隊航空基地人種差別闘争

一九六三年五月二三日、二三歳の黒人海兵隊伍長バーナード・ショウは、海兵隊第二航空団長およびノースキャロライナ州ハヴロックのチェリーポイント海兵隊航空基地の上官たち宛に驚くべき請願書を送りました。

そのころショウ伍長はまだ若いアメリカ合衆国海兵隊員でしたから、人種差別に対する怒りの声を挙げることで、「自分の身にいかなることが降りかかるのかわからない」危険をあえて冒していました。

ショウ伍長は、請願書の冒頭に次のように書いています。「私は、アメリカ市民および海兵隊員として、いつでも自分の国を進んで守り、防衛のために必要なら命も捧げます」と。

それからショウ伍長は続けて、次のように述べています。

写真 2-30　海兵隊 EA-6A 侵入機。チェリーポイント海兵隊航空基地の上空。National Archives 所蔵。

しかるに、〔中略〕非番の時間に意を決してチェリーポイント〔海兵隊航空基地〕の正門から外に出ると、一マイル〔約一・六キロメートル〕も行かないうちに人種差別に遭遇してしまうのです。〔中略〕私もほかの海兵隊員も、国家の原理原則に則って武器を手にして戦うには十分に有能で善良ですが、私たちが国家のために戦うとき指針としている原理原則を、私たちがその国家の一員として共有できるほどには未だ対等だとはみなされていないのです。

海兵隊の指導者宛に送られたこの請願書にショウ伍長は、「ハヴロックの町では黒人海兵隊員が食事をしたり施設を使ったりすることが拒否されています」と、その当時の事例をいくつか列記しているのです。

たとえば、ＭＡＢＳ-二四隊（チェリーポイント海兵隊航空基地の戦隊の一つ）に所属する黒人海兵隊員が、地元のドライヴ・イン映画館で、その場所が「白人用」施設であることを理由に不法侵入者として逮捕された事例を、さらに、自分自身がイタリアン・シェフという名の地元レストランで食事しようとして拒絶された事例についても、ショウ伍長は述べていました。ついでながら、伍長が食事を拒絶されたのは、私の姉イレーヌが高校生のときにウエイトレスのアルバイトをしていたレストランでした。

ショウ伍長は、そのイタリアン・シェフで食事を拒絶されたとき、一触即発の緊迫した状況を察知して、「私たちの海兵隊にあるまじき事態になるのを避けようとして身を引いた」というのです。

ショウ伍長とチェリーポイント海兵隊航空基地のほかの黒人海兵隊員は、イタリアン・シェフのように黒人隊員の入店を拒否するレストランや酒場《バー》や宿泊施設や理髪店など地元の店名を請願書に列挙していました。

写真 2-31　ジェット・ドライブ・インのネオンサイン。ノースキャロライナ州ハヴロック。1960 年代（高校年鑑から）。エドワード・B・〈エディ〉・エリス Jr. 提供。

「ハヴロックのあらゆるレストラン、ハヴロックのあらゆる酒場《バー》、それに〔客が車に乗ったまま接客される〕食事処ジェット・ドライヴ・インでさえ、海兵隊員については黒人でない限り接客するという方針を頑強に守っています」とショウ伍長は書いていました。それに加えて伍長は、自身の見解をいろいろ述べています。それらの見解を伴って描き出された実態の数々は、海兵隊本部の関係者にとって特別の懸念材料になっていくわけです。

伍長はこうも書いています。ハヴロックにおける人種差別は「この軍事施設内の壁という壁に染みついており、われわれの〈白人〉戦友たちが、〔黒人より自分たちのほうが優れているという〕人種的な気どりを身に付けて、それが〔白人兵士たちの態度に〕如実に表れているのです」と。

この点に関する詳細を、ショウ伍長の請願書から引用しましょう。

私たち［アフリカ系アメリカ人海兵隊員］が［ハヴロックの町のレストランで］食事することを拒否され店舗から追い出されるのを目撃している多くの［白人］海兵隊員は、基地に戻って、人種偏見をあおります。そうした行為は、侮蔑や暴動につながりかねず、ときには実際に暴動につながります。地元のそのような状況下で人種差別があおられてきたために、激しい口論も起きています。MABS‐二七隊での口論とそれに伴って暴動になりかけた事件が起き、それは、緊急要請に応じた憲兵が出動して収まりました。そのとき、憲兵は銃を抜いて一時的に事態を収拾したにすぎません。そういう事態は、人種差別を許す状況がまかり通る限り収まることはないでしょう。［中略］こうした口論から生じるうんざりするような苦々しさは［中略］現在も依然として存在し、同じような［危機的］事態が再発する可能性は十分にあります。

「口論とそれに伴って暴動になりかけた事件」に関与した隊員たちの所属部隊MABS‐二七隊とは、チェリーポイント海兵隊航空基地の航空戦闘支援部隊でした。

ショウ伍長は、さらに議論を展開して、ハヴロックにおいてチェリーポイント海兵隊航空基地の仲間意識と倫理観を傷つけている人種偏見の他の事例についてもかいつまん

写真 2-32　アメリカ合衆国系兵隊のエドガー・R・ハフ伍長。チェリーポイント海兵隊航空基地から 45 マイル［約 72 キロメートル］離れたモントフォード・ポイント海兵隊飛行場で入隊したアフリカ系アメリカ人部隊の訓練中。1942 年。アフリカ系アメリカ人は第二次世界大戦から海兵隊に所属し、海兵隊部隊は 1950 年代初頭に完全に人種統合されていた。撮影：アロン・モシア大尉。National Archives 所蔵。

で説明しています。

たとえば、チェリーポイント海兵隊航空基地の部隊がハヴロックの町のレストランで公的な親睦会を開催したときのことについても、ショウ伍長は述べています。「地元のレストラン店主が白人海兵隊員には食事を提供する一方で、黒人海兵隊員には提供を拒否することによって」、［黒人である］ショウ伍長が親睦会に「参加できないとしたら、海兵隊員の士気に及ぼす不快さはいかほどのものでしょうか」と。

ショウ伍長はさらに、チェリーポイント海兵隊航空基地の部隊が、公的な親睦会を地元では「白人のみ」が使用できるとされているビーチで開催した事例を挙げて、地元の警察官が黒人の存在に気づけば、黒人海兵隊員は逮捕されるという事態が生じる、と説明しています。

ここで少し解説しておきますと、私の知る限り、「白人のみ」が使用できるとされているビーチのなかで最も人気のあるのは、アトランティック・ビーチです。ボグー・バンクスという島にある砂浜で、チェリーポイントから一五マイル〔約二四キロメートル〕ほどです。その島にはフォート・メイコン州立公園があり、ピクニックや水泳もできるビーチだと当時も知られてはいましたが、それもショウ伍長が手紙を書いたころには「白人のみ」が使用できるところでした。

こうした軍事基地外における人種差別の事例に加えて、ショウ伍長は、基地内において黒人に対する白人の人種的嫌悪感で生じた出来事についても説明しています。たとえば、チェリーポイント海兵隊航空基地のもう一つの部隊MARS-二七隊に所属するマクギニス上等兵の遭遇した事例で、ショウ伍長によれば、マクギニス上等兵は一九六三年一月にチェリーポイントに初めて到着したとき、兵舎にある自身のロッカーにメモが貼られているのを見つけたと言うのです。

そのメモの文言をショウ伍長は、請願書にそのまま引用しています。それには「良い黒ん《ニガー》ぼは死んだ黒ん《ニガー》ぼさ。われらの兵舎に黒ん《ニガー》ぼはもうタクサンだ」と書かれていたそうです。

ショウ伍長は、その〔一九六三年五月二三日付の〕請願書の全体を通して、いつ爆発してもおかしくない火薬の詰まった樽の上に自分がまさに腰かけているという思いを、自身の言葉で表現していました。その思いは、次のように述べられています。

このような〔人種差別の〕事態や扇動や口論に関して人びと〔黒人兵士〕が自身の内に積もる不満を表明したところで、誰も聞く耳などもとうとはしてくれない、と私たちの多くが感じています。そのうえ、懲戒処分を受けた人びと〔黒人海兵隊員〕が部隊内にも出ています。こうした不心得な事件〔人種をめぐる不穏〕の主たる要因が、単発的によく起きる些細で取るに足りない出来事だ、と誤解のまま理解されてしまっているのは、少なくとも不運なことです。

この若い伍長は、海兵隊航空基地の指導者たちが、ハヴロックの町とニューバーン市の〔人種差別を合法化する〕ジムクロウ体制を変えようとしないために、〔黒人兵士の心に〕「不満が積もっている」と考えたのです。ニューバーン市は郡庁所在地で、チェリーポイント海兵隊航空基地の隊員たちが非番の時間をよく過ごしていたところです。

ショウ伍長は、さらに語調を強めて、ハヴロックとチェリーポイント海兵隊航空基地の人種をめぐる状況が、「個々の〔黒人〕海兵隊員の〔中略〕すでに疲労困憊状態の理性と魂と精神にますます危機的にのしかかってきています」と、海兵隊の指導者たちに訴えていました。

写真 2-33　チェリーポイント海兵隊航空基地の購買部（PX）の絵葉書。1964 年。チェリーポイント海兵隊航空基地の売店、メスホール、余暇施設、住居など全設備は、1948 年にトルーマン大統領による大統領令 9981 が発布されて以降、人種統合されていた。1950 年代末から 1960 年代初頭にかけて、基地内と基地外における人種状況が異なったことにより、黒人兵たちが近隣地域での公民権獲得のための活動に参加することが多くなった。出典 : http://www.cherrypointatc.com/ATCWeb/postcardds.htm.

ショウ伍長は、自分自身の理性と魂と精神の状態について述べていたに違いありません。しかも、その後二、三か月の出来事を見てみると、ショウ伍長が独りで闘っていたのではないことがわかります。チェリーポイントのかなり大勢の黒人海兵隊員もショウ伍長と同じように考えていたわけです。

実のところ、伍長と同様に他の黒人海兵隊員たちも、海兵隊当局が隊員男女に組織全体として身に付けさせようとした一種の誇り《プライド》と兄弟姉妹愛と忠誠心を共有する一方で、ジムクロウ体制下の社会において自分たちが二級市民とみなされ扱われていると感じていました。海兵隊員としての誇り《プライド》と二級市民扱いという現実との狭間で、ひどく苦しんでいたのです。

チェリーポイント海兵隊航空基地の黒人海兵隊員たちは一九六三年夏にはすでに、自分たちの置かれている状況に対して、明らかに我慢の限界にあったのです。それからの何週間か、隊員たちは、アメリカ国内を席捲していた公民権をめぐる一連の活動に取り組みます。

こうして隊員たちは、ハヴロックをはじめとする、アメリカ合衆国国内の軍事基地近隣にある基地外地域のジムクロウ体制ならびにその人種差別政策が廃止されていく過程で、独自の役割を果たすことになるのです。

◆ケネディ大統領への電文

ショウ伍長が［最初の］抗議の請願書を［一九六三年五月二三日に］書いてから六週間後［同年七月七日］のこと、ショウ伍長は次に、チェリーポイント海兵隊航空基地の黒人隊員ヴァーナー・クローフォード伍長とレイモンド・ブリンソン（ジュニア）伍長と共に三人で、自分たちの最高司令官、つまりアメリカ合衆国大統領ジョン・F・ケネディに直接、さらに驚くべき要請電文を送りました。

この一九六三年七月七日付の電文の書き出しで、ショウ伍長は、一九六二年四月に大統領がノースキャロライナ州大西洋岸の海兵隊施設を巡回したとき、それをその場で目撃できたのは光栄なことでした、と述べています。

そして、伍長は、自分の「［アメリカ合衆国に対する］忠誠心は、今もジブラルタル要塞のごとく堅固な信頼と確信」に満ちていると大統領に告げています。ところが、自分および他の黒人海兵隊員の士気と愛国心は、ハヴロックにおける「二級市民扱い」によって深く動揺しているとも、ショウ伍長は述べていました。

大統領への要請電文に添付された請願書で、ショウ伍長とクローフォード伍長とブリンソン伍長――自称「伍長三人組」――は、一九六三年時点での海兵隊におけるアフリカ系アメリカ人男性として自分たちの心境を、次のように心を込めて綴っています。

「黒人たちが人間として自由と尊厳に向かって踏み出そうとしているとき、［私たちが］三人の無気力な［小説『アンクル・トムの小屋』の主人公で、二〇世紀には白人権力に迎合的と解釈されるようになる］トムおじさんでいるのは恥ずべきことだと感じるのです」と。

「不当な状況に公然と立ち向かわないことは、その不当な状況に甘んじることを意味します。私たちは軍隊に所属する黒人として、私たちの仲間を抑圧するために使われてきた非民主主義的な制度を、どうして守っていけるというのでしょうか」と、伍長三人組は問いかけていました。

写真 2-34　ジョン・F・ケネディ大統領。チェリーポイント海兵隊航空基地の予備飛行場の１つボーグ飛行場で、大西洋艦隊の巡回視察中。1962 年 4 月。Naval History and Heritage Command Photographic Section 所蔵。

三人は、そのころアメリカ合衆国の南部諸州で起きていた公民権獲得のための抗議活動を注視してきました。その抗議活動に対して白人による暴力事件が起きていることも見ていたのです。言い換えれば、三人には闘う準備ができていました。とりわけ、自分たちの仲間の自由のために闘いたかったのです。

写真 2-35　全国的に表明されていたように、チェリーポイントの黒人海兵隊員たちは1963年の公民権をめぐる出来事を注意深く観察していた。この写真では、アラバマ州バーミングハム市消防隊の隊員たちが水圧の高い消火ホースを子供たちに向けている。子供たちは、1963年5月に人種差別に対して平和裏に抗議活動を展開していた。Civil Rights Heritage Museum Online 所蔵 (civilrights heritage.com/category/civil-rights/)

「黒人たちが暴力で抑圧されるのをただ傍観しているだけで、私たちは苦しくなり、自分自身に対する嫌悪感にさいなまされるのです」と、三人は続けて思いを語ります。

そのころ、軍隊に所属する者が公民権獲得のための抗議活動に参加することは、「アメリカ合衆国の」国防総省政策によって禁じられていました。それは、法律や条例が人種分離とジムクロウ体制を維持するものであった場合、その状況を変えるようとする抗議活動は、その各地の自治体法や条例を破ることになったからです。

たとえば、空軍関係者が街角《まちかど》に立ち、公民権獲得を訴えるプラカードを手に持つことは確かにできます。しかし、それは、非番で私服を着ているときのみであり、しかも、その行為が地元の条例に反していない限り可能だったということなのです。

いずれにせよ、軍関係者が、座り込みに参加したり、「白人のみ」とされている店舗で客としての扱いを要求したり、南部諸州の地元当局が不法侵入や狼藉や条例違反とみなすような抗議活動に参加することは、許可されていませんでした。

そうした現実にうんざりして、「伍長三人組」は次のように述べています。

私たちが自尊心をもって自分自身に向き合うことがますます不可能になってきました。人というのは、自分の信じる立場を断固として守るものです。人は、自尊心を失えば、生きることをやめ、考えることもできず、ただ息をするだけの一塊の肉体にすぎなくなります。そのような運命を、私たちにたどらせないでください。

この窮地に立って「伍長三人組」が出した答えは、海兵隊での任務を果たしながら、基地内およびハヴロックとニューバーンという近くの民間社会で人種間の平等を求めて闘うために、その際、そのことが〔アメリカ合衆国〕国防総省に支持されようとされまいと、自分たちにできることがあるとするなら、それは何かを考えようとすることでした。

長くなりますが、ケネディ大統領に送られた要請電文の最後の部分を引用しておきます。

> 私たちは、キューバ危機で、また最近ではハイチ問題で、アメリカ合衆国を防衛するために召喚されました。〔中略〕〔任務を終えて〕帰郷したとき敵陣に入っていたのです。アメリカ合衆国に戻ったばかりの〔夜の〕こと、屈辱感に襲われました。私たちは、アメリカ合衆国の〔中略〕民主主義と国家の防衛のために戦っていた外地から帰国するや、二四時間も経たないうちにドライヴ・インのレストランで食事のテイクアウトを拒否されたのです（傍点は引用者）。

「伍長三人組」は続けてこう書いています。

> なぜ拒否されたのでしょうか。私たちが黒人だからです。この出来事は、私たちが駐屯している軍事基地から三区画《ブロック》以内で起きました。〔中略〕〔もちろん〕私たちが背負っている重荷は今始まったものではありません。〔中略〕しかしながら、私たちは軍

写真2-36　バーナード・ショウ伍長。伍長は後にCBSとABC放送局の通信員、さらにCNNで評判のニュース番組で長年ニュースキャスターを務めた二人組の一人となった。私はまだショウさんに連絡して経歴を確認することができずにいるが、ショウさんが1963年にチェリーポイントに駐屯していた海兵隊伍長であることは公表されている事実である。写真はNational Archives所蔵。

隊に在籍している黒人たちのために今こそ声を上げる必要を感じています。私たちは、自分たちの上官たちに、「この基地に駐屯している黒人たちが置かれている状況を改善するために司令部では何がなされているのでしょうか」と質問しました。すると答えは、「われわれは忙しい。その問題は一つの司令部の問題というより［アメリカ合衆国］政府の問題である」でした。

要請電文の最後は次のように結ばれています。

〔しかし〕この基地に駐屯している黒人兵士たちの士気が、私たちと言葉を交わした黒人兵士たちから感じられるのと同じくらいに大きく揺いでいるなら、これは一つの行政問題以上の大問題です。これは、政府と軍司令部とアメリカ合衆国全土に及ぶ問題になっているのです。

◆ニューバーンでの抗議活動

チェリーポイント海兵隊航空基地にかかわる事件が、一九六三年七月一八日の新聞に大きく出ました。一〇人の黒人海兵隊員が、ニューバーンで公民権の抗議活動に参加していて、警察官に逮捕されていたのです。

その黒人海兵隊員たちはニューバーンに行き、全国黒人向上協会（ＮＡＡＣＰ）地元

写真 2-37　公民権を求める抗議行進。ノースキャロライナ州ニューバーン。1960-1963 年ころ。地元の公民権活動家たちが 1960 年に開始した座り込みや他の抗議活動は、少なくとも 1960 年代半ばまで続いた。チェリーポイント海兵隊航空基地の黒人隊員たちの多くがそうした抗議活動に参加した。写真は、Capus M. Waynick, John C. Brooks and Elise W. Pitts, eds., *North Carolina and the Negro* (Raleigh: NC Mayors' Cooperating Committee 1964) 所収。

支部の青年部が主催する公民権活動に参加しました。その活動は、A&Wドライヴ・インとホリデイ・インの二つの宿泊施設が掲げていた「白人のみ」を顧客とする方針に対する抗議活動でした。

抗議活動は新聞記事の出た前日に始まっていましたが、たまたま海兵隊員たちが現場にいた日に、混乱が生じました。NAACPの内部文書によれば、警察官たちは、四五人から五〇人の活動参加者を逮捕し、一〇歳代の少年二人に（一人には警棒を使って）怪我をさせ、さらに、活動参加者にホースを向けて［活動を阻止すべく］放水することを、ホリデイ・インの隣にあるガソリンスタンドの所有者に許可したというわけです。

警察官たちは、A&Wドライブ・インで抗議活動に参加していた九人か一〇人の黒人海兵隊員（報道により人数が異なる）を不法侵入の廉《かど》で逮捕していました。（その隊員たちはその後、有罪を宣告されました。）

チェリーポイント海兵隊航空基地のもう一人の黒人伍長R・S・スチュワートが、隊員支援のために直ちに立ち上がりました。

黒人海兵隊員が逮捕されると、スチュアート伍長は、全国的に公民権獲得の活動を展開していたＮＡＡＣＰと人種平等会議（ＣＯＲＥ）という二つの組織に連絡しました。伍長は、チェリーポイント海兵隊航空基地の「門の外にあるすべての人種差別を廃止する」手助けをＮＡＡＣＰとＣＯＲＥに求めたのです。

ＣＯＲＥについて述べておきます。スチュアート伍長は、自身の生まれ故郷であるノースキャロライナ州ダーラム市の弁護士で公民権活動の担い手であるフロイド・Ｂ・マキシックに連絡しました。マキシックは、長年ＮＡＡＣＰの一員として活動してきましたが、ちょうどＣＯＲＥの会長に選出されたところでした。

写真2-38　フロイド・マキシック。ホワイトハウスでの公民権指導者の会議で。1963年8月。マキシックは、1951年にノースキャロライナ大学に初めて入学を許可されたアフリカ系アメリカ人の1人として、当時全国的に注目された。写真はLibrary of Congress所蔵。

新聞記者のインタビューで、マキシックは、スチュアート伍長の言葉どおり、「〔ハヴロックとニューバーンの人種差別を終わらせるために〕三〇〇人ほどの黒人海兵隊員が抗議活動に関心を示しています」と述べています。もしこれが本当なら、その数はそのころチェリーポンド海兵隊航空基地に駐屯していた黒人海兵隊員数のほとんど半数なのです。

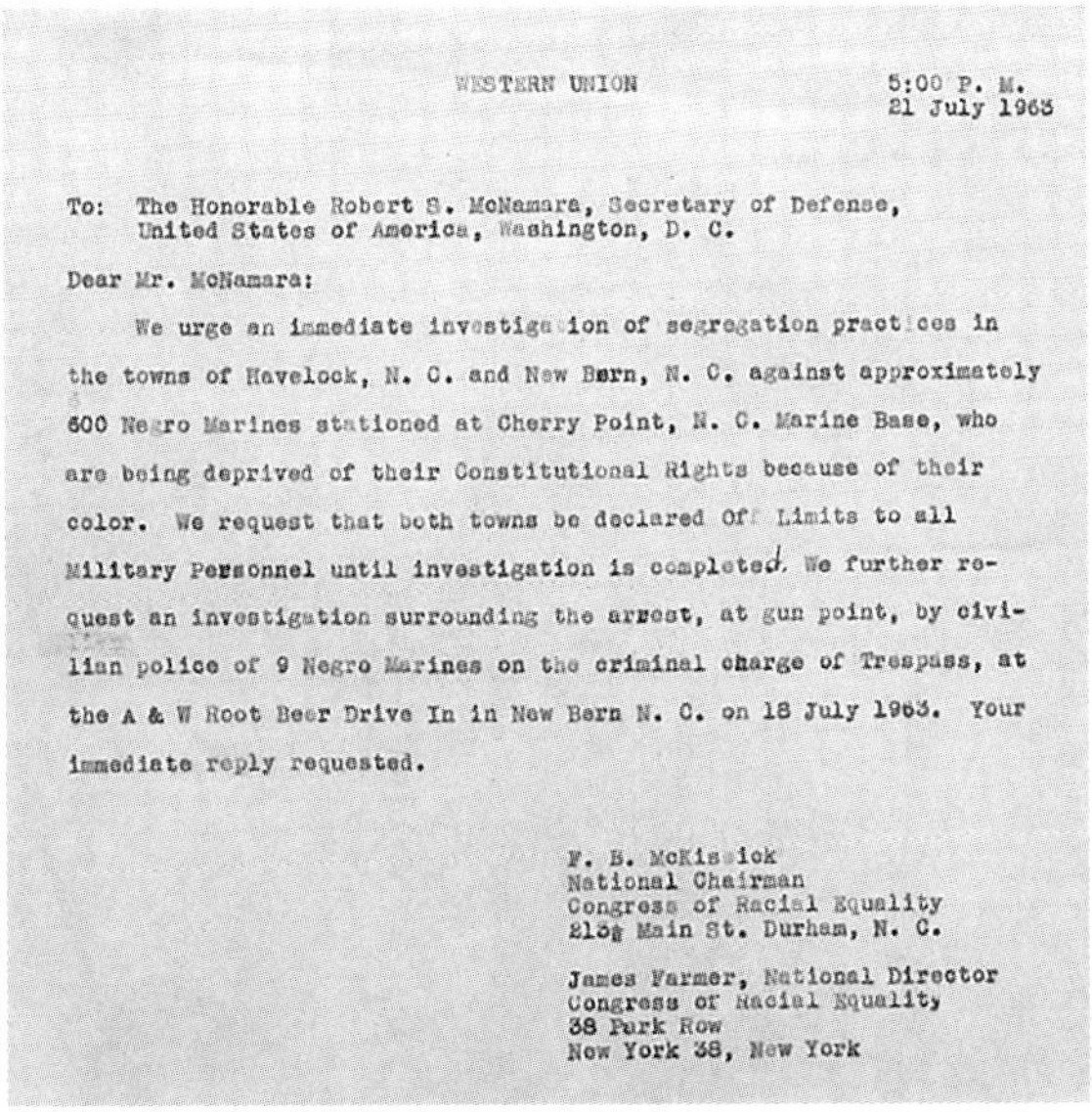
WESTERN UNION 5:00 P. M.
21 July 1963

To: The Honorable Robert S. McNamara, Secretary of Defense,
United States of America, Washington, D. C.

Dear Mr. McNamara:

We urge an immediate investigation of segregation practices in the towns of Havelock, N. C. and New Bern, N. C. against approximately 600 Negro Marines stationed at Cherry Point, N. C. Marine Base, who are being deprived of their Constitutional Rights because of their color. We request that both towns be declared Off Limits to all Military Personnel until investigation is completed. We further request an investigation surrounding the arrest, at gun point, by civilian police of 9 Negro Marines on the criminal charge of Trespass, at the A & W Root Beer Drive In in New Bern N. C. on 18 July 1963. Your immediate reply requested.

F. B. McKissick
National Chairman
Congress of Racial Equality
213½ Main St. Durham, N. C.

James Farmer, National Director
Congress of Racial Equality
38 Park Row
New York 38, New York

写真2-40　ジェイムズ・ファーマーとCOREのフロイド・マキシックからジェイムズ・S・マクナマラ宛の1963年7月21日付の電文。Southern Historical Collection, Wilson Library, UNC-Chapel Hill所蔵。

写真2-39　ジェイムズ・ファーマー（ジュニア）。1960年代初頭の「フリーダムライド」活動期にCOREの会長。写真はWisconsin Historical Society所蔵。

マキシックによれば、スチュアート伍長は、「一〇〇人以上の白人兵士たちが、人種分離の方針をとる店舗に対する抗議の表明や他の抗議活動を支持することに同意しています」とも主張したそうです。

スチュアート伍長からの支援依頼に応じて、七月二一日、マキシックおよびCORE創設期に会長だったファーマーは、アメリカ合衆国国防総省のロバート・S・マクナマラ長官に電文を送りました。

私は、マキシックとファーマーからの電文のコピーを、ノースキャロライナ大学チャペルヒル校の南部史文献センター《サザーン・ヒストリカル・コレクション》に所蔵されているフロイド・B・マキシック文書で見つけました。

さらに、マクナマラ宛に二通目の電文が届きました。それは、ファーマーとマキシックとNAACPの選挙登録活動責任者ジョン・ブルックスからでした。

こうした電文で、ファーマーとマキシックとブルックスは、ハヴロックとニューバーンにおける黒人海兵隊員の扱われ方を調査するようにマクナマラに要請していました。そのうえで、三人は、人種分離方針が廃止されるまでハヴロックとニューバーンの全ての店舗への、黒人も白人も、海兵隊員全員の「立ち入り禁止」措置を命じるよう、国防総省《ペンタゴン》に求めていたのです。

◆COREとNAACP

それから事はすみやかに運びました。数日以内にCOREとNAACPの本部の指導者たちが、ハヴロックとニューバーンで黒人海兵隊員支援の公民権活動を開始すると発表したのです。

バーナード・ショウ伍長は、こうした活動の炎をかき立てるべく、少なくとも一つのラジオ放送局で、疑いもなく［アメリカ合衆国］司法省からの調査官を装って、「航空基地とハヴロック界隈で告発された人種差別に抗議する何百通もの電文と手紙が司法省に届いています」と述べていました（ノースキャロライナ州の新聞『シャーロット・オブザーバー』一九六三年七月二三日付を参照）。

ラジオ放送に続いて、ショウ伍長の主張が正確であろうとなかろうと、そのことは多くの新聞で報道されました。

その夏の初めにショウ伍長は、すでに策略を立てていたようです。伍長とほかの黒人海兵隊員たちはちょうどそのころ、ハヴロックのすべてのレストランと酒場、それにおそらくニューバーンのいくつかの店舗も含めて、人種に関する店舗ごとの方針を組織的にもれなく調査していたようです。

ショウ伍長は、黒人海兵隊員に対する接客方針を聞き出すために、少なくとも数回にわたってアメリカ合衆国司法省の調査官だと、名乗っていたように思われます。

連邦政府の調査官を装うというのは、無謀で、多くの人びとは愚かなやり方だと言ったことでしょう。しかし、ショウ伍長は、アフリカ系アメリカ人の自由を求める闘争に海兵隊員が参加するには、他人を装うしか他に手はないのだと感じていたのかもしれません。

ショウ伍長は、その後、連邦政府の調査官を装っていたことが発覚し起訴されました。ただ、私は、伍長がチェリーポイント海兵隊航空基地で懲罰を受けたという記録をまだ見つけていません（たとえば、州都ラリーの新聞『ニューズ・アンド・オブザーヴァ』一九六三年八月三日を参照）。

写真2-41　ロバート・N・C・ニックス（シニア）。サウスキャロライナ州オレンジバーグ出身。1958年から1979年までペンシルヴェニア州選出の連邦下院議員を務めた。写真は、Office of the Clerk, U. S. House of Representatives 所蔵。

そのほぼ同じころ、連邦議会の四人の黒人議員の一人で、ペンシルヴェニア州から選出されていたロバート・N・C・ニックス（シニア）下院議員も、チェリーポイント海兵隊航空基地の黒人隊員が掲げた大儀に注目していました。

実を言えば、ニックス陣営の職員は、その年の七月に直接CORE本部とNAACP本部の指導者たちへの連絡を取り始めていたのです。

ニックスは、国防総省《ペンタゴン》の煩雑な手続きを回避するために、ロバート・マクナマラ国防総省長官の事務所の職員に連絡して、チェリーポイント海兵隊航空基地の黒人隊員からの抗議書面と他の情報を長官の机の上に置いておくように依頼しました。

チェリーポイント海兵隊航空基地の黒人隊員による抗議文、それにハヴロックとニューバーンで隊員たちが直面している人種差別について広く報じた記事は、国防総省《ペンタゴン》の痛いところを突いていました。

こうして、チェリーポイント海兵隊航空基地の黒人隊員による活動など、一連の公民権活動に促されて、アメリカ合衆国軍隊が人種間の平等を、全国的に強く推し進める展開になった、とも言えましょう。

〔アメリカ合衆国〕国防総省の指導者たちは、どこで帳尻を合わせればよいか、その判断が難しいこと、なぜなら、それには非常に多くのことが複雑に関連しているからだ、と理解していました。隊員たちの士気、黒人兵士募集の将来的な成功、アメリカ軍に対する国民の評価などといったすべての要素が、軍隊にとっての最大の重要事項、つまり戦闘能力という問題に影響するのだという実情を、少し考えるだけで理解できたのです。

一九六三年と言えば、公民権の問題がアメリカ国内で注目を集めていました。国家について考えていない人であっても、賛否は別にして、軍関係者もそうでない人も、アフリカ系アメリカ人の解放闘争について考えるようになっていました。

その一九六三年は、人種をめぐる正義の闘いの転換点になります。アラバマ州バーミングハムで〔子供たちも抗議活動に参加する企画〕子供たちの改革運動《チルドレンズ・クルセイド》が試行された年であり、警察長官ブル・コナーの指揮下にあった警察官がその子供たちに向けて消火用高圧ホースで放水した年であり〔写真2-35〕、マーティン・ルーサー・キング（ジュニア）が有名な「バーミングハム刑務所からの手紙」を綴った年です。

それはまた、ミシシッピ州でNAACPミシシッピ州支部の指導者メドガー・エヴァーズが暗殺された年でもあり、ワシントン大行進でキングが「私には夢がある」と題される演説をした年でもあります。

それに、一九六三年は、クークラックスクランの手で［アラバマ州バーミングハム市内で公民権活動の拠点となっていた黒人教会］第一六番通りバプティスト教会に爆弾が投げ込まれ、教会にいた四人の少女が殺された年でもありました。

現に、一連の公民権活動は、アメリカ合衆国南部諸州の隅々で展開されていました。この時期には、ノースキャロライナ州東部の複数の町や村に加えて、チェリーポイント海兵隊航空基地からさほど遠くない他の軍事基地も活動拠点になっていました。一九六三年のノースキャロライナ州では、フェイアットヴィルのフォート・ブラッグ陸軍基地やゴールズボロのシーモア・ジョンソン空軍基地やジャクソンヴィルのキャンプ・ルジュン海兵隊基地で男女黒人兵士たちが少なくともある種の公民権抗議活動にすでに参加していました。

とはいえ、人種をめぐる正義の闘いが求められていた決定的な瞬間に向けて、自分たちの立場を早くも表明していたのは、チェリーポイント海兵隊航空基地の黒人海兵隊員たちだったのです。

その時点ではまだ公表されていなかったことですが、そのときケネディ大統領はスタッフに、ハヴロックとニューバーンのような軍事基地近隣地域の人種差別に関して調査するようにすでに命じており、ちょうどその特別報告書の最初の草稿を読んだところでした。

つまりその草稿は、南部諸州の軍事基地に駐屯していたアフリカ系アメリカ人兵士たちからすでに発せられていた数々の抗議に対応すべく大統領が、一九六二年六月に発していた調査命令を受けて作成された報告書だったわけです。

それは、『アメリカ合衆国国内に駐屯する黒人軍事関係者の平等と機会均等』と題された報告書の草稿で、チェリーポイント海兵隊航空基地の黒人海兵隊員および他の基地の黒人兵士男女の主張を妥当だとみなし、直ちに対応しなければ、人種差別の状況下では軍隊の戦闘能力が削がれる可能性が高いことを認めるに十分な内容でした。

報告書の草稿は、一九六三年六月中旬にケネディ大統領に届けられていました。それは、ちょうどハヴロックとニューバーンのジムクロウ体制に対する黒人海兵隊員の抗議活動が［同年五月二三日付のショウ伍長による上官への請願書などで］すでに高まっている時期でした。

一九六三年七月二一日、［ニューバーンでの黒人海兵隊員逮捕事件後、スチュアート伍長の依頼に応じて］COREとNAACPの指導者たちがチェリーポイント海兵隊航空基地での状況についてアメリカ合衆国国防総省に電文を送り、公民権を求める抗議活動がさらに広がることを伝えた日に、ケネディ大統領は、調査報告書（『アメリカ合衆国に駐屯する黒人軍事関係者の平等と機会均等』）をまとめた委員会の委員長ガーハード・A・ゲッセルに手紙を書いていました。

その手紙で大統領は、人種差別は「この国の最も深刻な問題の一つ」であるとみなし、「報告書は明らかにタイミング良く出された」と述べていました。

ケネディはゲッセルへの手紙で、「[報告書の]見解について三〇日以内に報告するように国防総省に依頼した」とも伝えていました。

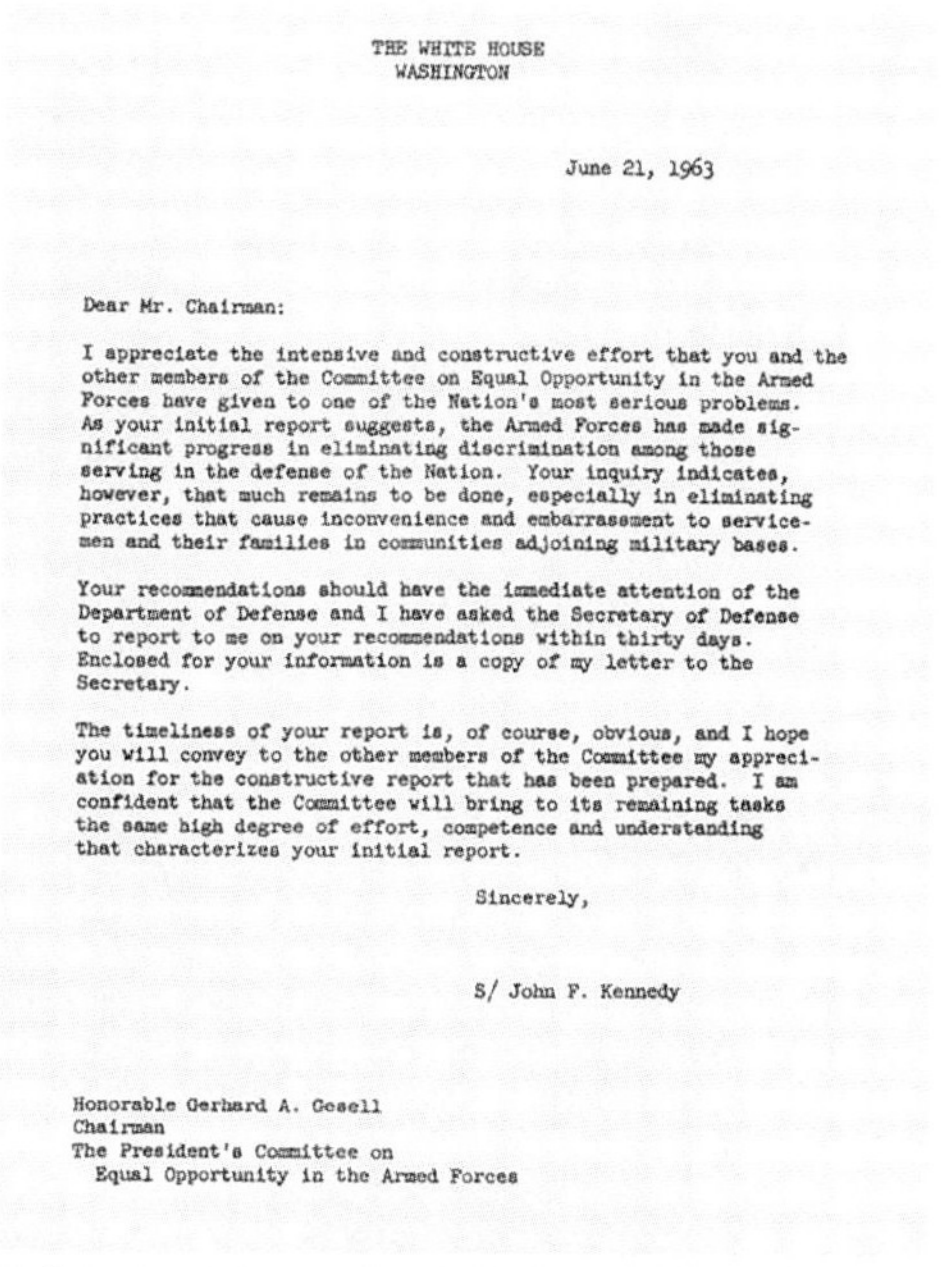

THE WHITE HOUSE
WASHINGTON

June 21, 1963

Dear Mr. Chairman:

I appreciate the intensive and constructive effort that you and the other members of the Committee on Equal Opportunity in the Armed Forces have given to one of the Nation's most serious problems. As your initial report suggests, the Armed Forces has made significant progress in eliminating discrimination among those serving in the defense of the Nation. Your inquiry indicates, however, that much remains to be done, especially in eliminating practices that cause inconvenience and embarrassment to servicemen and their families in communities adjoining military bases.

Your recommendations should have the immediate attention of the Department of Defense and I have asked the Secretary of Defense to report to me on your recommendations within thirty days. Enclosed for your information is a copy of my letter to the Secretary.

The timeliness of your report is, of course, obvious, and I hope you will convey to the other members of the Committee my appreciation for the constructive report that has been prepared. I am confident that the Committee will bring to its remaining tasks the same high degree of effort, competence and understanding that characterizes your initial report.

Sincerely,

S/ John F. Kennedy

Honorable Gerhard A. Gesell
Chairman
The President's Committee on
Equal Opportunity in the Armed Forces

写真2-42　ジョン・F・ケネディ大統領からガーハード・A・ゲッセルへの1963年6月21日付の手紙のコピー。出典：Floyd H McKissick Papers, the Southern Historical Collection at UNC-Chapel Hill所蔵。

報告書草稿に書かれている内容は、国防総省と軍事司令本部ではすでに周知されていました。したがって国防総省は、ケネディ大統領からの新たな指示を受けると、チェリーポイント海兵隊航空基地界隈でCOREとNAACPが公民権抗議活動をさらに拡大する路線に転じる前に、直ちに報告書の草稿内容を支持する旨を表明しました。

その結果、CORE とNAACP指導者たちからの最初の電文を受けてから五日後の七月二六日に、国防総省長官ロバート・S・マクナマラは、連邦軍の駐屯する南部諸地域を変える画期的な命令を発布することになります。

その「アメリカ軍隊における機会均等」と題された命令五一二〇・三六号は、地域経済が軍事基地と軍事関係者に広範に依存しているハヴロックのような市民社会に大地震のような衝撃を与えたのです。

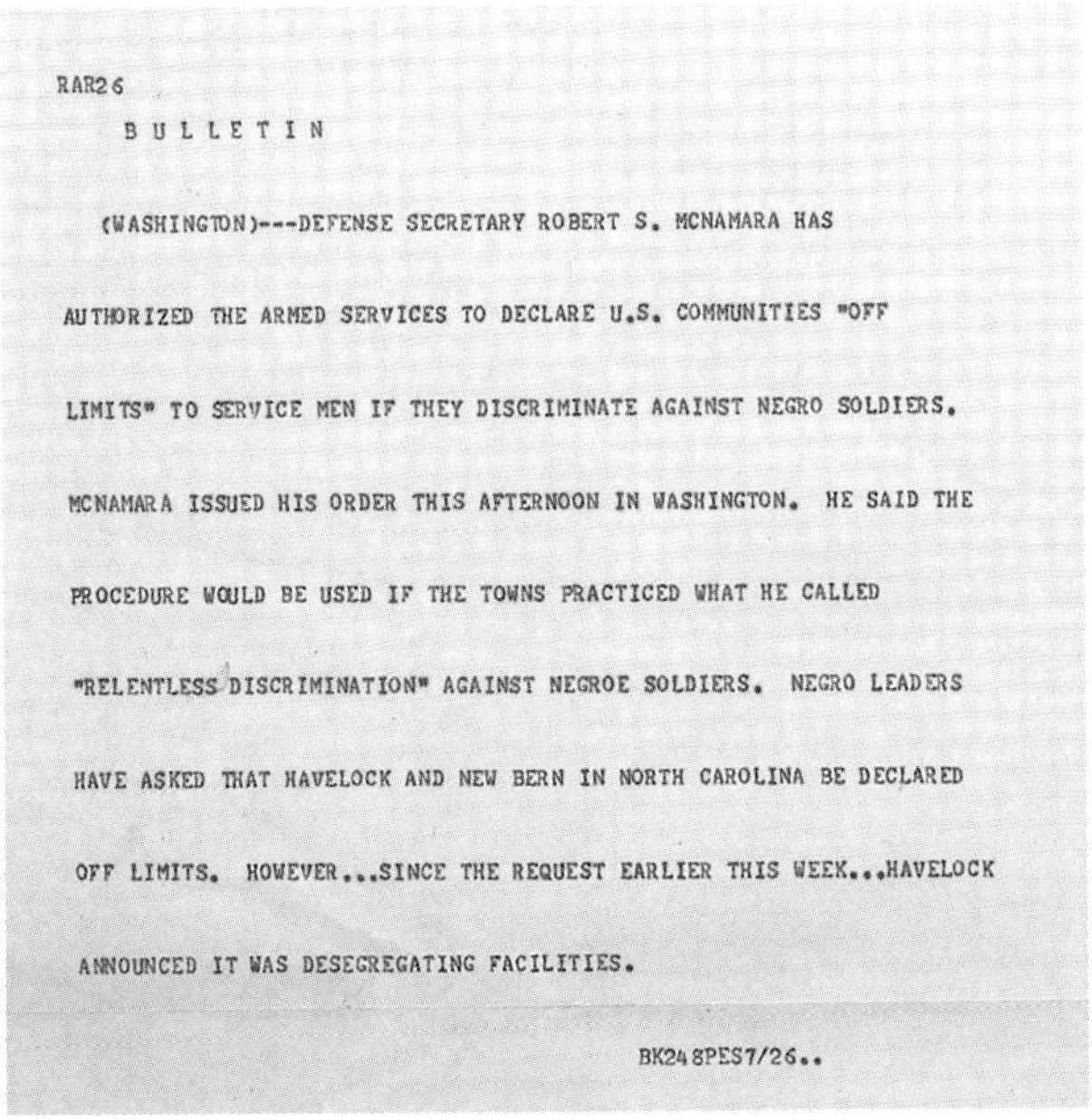
RAR26

BULLETIN

(WASHINGTON)---DEFENSE SECRETARY ROBERT S. MCNAMARA HAS AUTHORIZED THE ARMED SERVICES TO DECLARE U.S. COMMUNITIES "OFF LIMITS" TO SERVICE MEN IF THEY DISCRIMINATE AGAINST NEGRO SOLDIERS. MCNAMARA ISSUED HIS ORDER THIS AFTERNOON IN WASHINGTON. HE SAID THE PROCEDURE WOULD BE USED IF THE TOWNS PRACTICED WHAT HE CALLED "RELENTLESS DISCRIMINATION" AGAINST NEGROE SOLDIERS. NEGRO LEADERS HAVE ASKED THAT HAVELOCK AND NEW BERN IN NORTH CAROLINA BE DECLARED OFF LIMITS. HOWEVER...SINCE THE REQUEST EARLIER THIS WEEK...HAVELOCK ANNOUNCED IT WAS DESEGREGATING FACILITIES.

BK248PES7/26..

写真2-43　アメリカ合衆国国防総省からの1963年7月26日付の知らせ。出典：Floyd H McKissick Papers, the Southern Historical Collection at UNC-Chapel Hill 所蔵。

その命令五一二〇・三六号には、以下のような文言が記されていました。

すべての軍隊司令官は、部下およびその家族に影響を及ぼす人種差別に反対し、部下および家族のために、直接の管理担当地域ばかりでなく、部下および家族が、居住、あるいは非番時に集う地域においても、機会均等を促進する責務を負う（傍点、引用者）。

こうして、それまでの状況、駐屯地界隈の地域社会における人種問題には立ち入らないようにと、アメリカ合衆国の民事および軍事の指導者が軍隊指揮官に命じていた状況に、ついに終止符が打たれました。

実は、マクナマラの命令はそれ以上のことをしています。命令五一二〇・三六号において、マクナマラは基地司令官たちに、軍事基地界隈の民間社会における人種政策に影響を及ぼすように闘う権限を与えていたのです。

マクナマラは、基地の司令官たちに、黒人海兵隊員および軍隊の他の部隊に配属されている黒人兵士の公民権を守るために、基地のもつ経済力の行使をも義務づけました。

その命令によってマクナマラは、基地司令官たちが、「黒人兵士たちに対する執拗な人種差別」への対抗措置として、そのような地域への軍隊関係者の立ち入り禁止宣言を発令することを、承認しているのです。

その命令は、もし黒人兵士が非番のときに公民権の抗議活動に参加して逮捕された場合、国防総省の弁護士がその黒人兵士の弁護にあたる権限をもつことを意味してもいたわけです。

◆「ハヴロックの完全な人種統合」

アメリカ合衆国国防総省長官が命令五一二〇・三六号を発令したのは、先にも述べたとおり、一九六三年七月二六日でした。それから二、三時間後のこと、ハヴロック商工会議所は、特別会合を開き、UPI通信社の電文記事の文言を引用するなら、「ハヴロックの完全な人種統合」という状況に賛同するという決議を採択しました。

ハヴロックで営業する民間人指導者たちは、もし自分たちが全国的な公民権組織の標的になった場合、あるいは、チェリーポイント海兵隊航空基地の司令官が部下たちに町で営業されている店舗の顧客になることを禁じた場合、何がどうなるか、その可能性をただ推測するしかありませんでした。

そのどちらか、あるいは両方が起きる可能性は十分にありました。だから、運を天に任せておくことなど、とうていできなかったのです。

七月二六日の会合で、ハヴロック商工会議所の七〇人ほどのメンバーは、自分たちのレストランや劇場や銀行や簡易宿泊施設《モーテル》や理髪店など全ての営業における人種差別的行為を終了すると宣言したのです。

その夜の決議によって、私の故郷の町ハヴロックはノースキャロライナ州で、人種間の平等と互いの尊厳を認め合うことによって、全ての店舗を全ての人びとに初めて開放した最初の町の一つになりました。

それとは対照的に、ノースキャロライナ州の市や町の大半ではジムクロウ体制が維持されたままでした。［ノースキャロライナ大学の所在する］チャペルヒルのような進歩的だとみなされていた町でさえ、そうだったのです。いくつかの町では、アフリカ系アメリカ人が日没後に顧客として店舗を訪れることが現地の行政当局によって禁止されてもいたのです。

◆チェリーポイント海兵隊航空基地で育って

こうして歴史を調べる過程で私は、一九五〇年代から一九六〇年代のアメリカ合衆国には人種をめぐって正義と平等を目指す多くの異なる道筋があったことを学びました。どの道筋も闘争を伴いました。どの道筋も不完全でした。そして、多かれ少なかれ、そのお陰で私たちはより良い人間になれているのだろうと思います。

こうした公民権を求める闘争の大半は、新聞記事にもならず、歴史書にも登場しません。今、ほとんど忘れ去られています。

チェリーポイント海兵隊航空基地の話も、その好例です。私の知る限り、黒人海兵隊員たちやその隊員たちがハヴロックの町とチェリーポイント海兵隊航空基地において人種間の平等を求めて闘った闘争について調べて書いている人はいないのです。いるかもしれませんが、南部諸州における人種平等闘争で黒人海兵隊員が果たした役割を知りたいという人はほとんどいないのです。

私にとって、この物語は歴史を知るというだけのものではありません。個人的な物語でもあります。私は、ハヴロックの町とチェリーポイント海兵隊航空基地で育ったからです。私は、一九四七年にチェリーポイント海兵隊航空基地で出遭ったアメリカ合衆国海兵隊軍人と地元の娘とのあいだにできた自慢の息子なのです。

私の父ジョン・Z・セセルスキ曹長は、第二次世界大戦からヴェトナム戦争の時代までアメリカ合衆国海兵隊の軍人でした。

一九六三年の夏、私は二歳で、じきに三歳になろうとしていたのです。そのころ、母と二人の姉と兄と私は、チェリーポイント海兵隊航空基地から一二マイル［約一九キロメートル］くらい離れた小さな集落ハーロウにある祖母の家に住んでいました。

それは、ちょうどそのころ父が海外にいたからです。父は、日本の沖縄にある海兵隊航空基地に配属されていました。

私が子供のころ、私たちは、チェリーポイント海兵隊航空基地か、あるいはハヴロックに住んでいました。チェリーポイントの基地にいても、ハヴロックにいても、ハーロウにいても、私たちは基地近くのの軍隊関係生活者だったのです。

私たちは、基地の購買部やスーパーで買い物をしました。映画を見るのも基地の映画館でした。泳ぐのも基地のプールでした。航空ショーで「ブルー・エンジェルズ」の飛行を見物しましたし、祖母が飛行機の組み立て工場の工具室での仕事を担当していたので、海軍航空機再生施設を訪れたりもしていました。

父が沖縄から帰国すると、私たちはまた基地に戻りました。それから二、三年後、父がまた海外に配属されると、私たちは基地を離れてハヴロックで暮らすことになりました。

すでに申し上げたように、私は、この一連の出来事が起きていたときまだ幼い少年でした。今、六一歳です。自分の人生を振り返ってみて、私自身の非常に良い部分とあまり良くない部分を紡いできたはずの過去の出来事について全てを常に理解しているわけではありません。

とはいえ、私たちが今日の私たちになっている背後には、私たちをそうならしめてきた非常に多くの小さな出来事と、幾《いく》つかの大きな出来事があると思っています。

そして、一九五九年に黒人の子供と白人の子供が一緒に学校に行き始め、一九六三年に白人も黒人も肌の色にかかわらずすべての人びとが顧客として歓迎されるようになったチェリーポイントの基地とハヴロックのような町で育ったことは、私の人生に前向きな変化をもたらしてくれたと思います。

考えてみれば、あのころ、ノースキャロライナ州であれ、他の南部諸州であれ、あの時点でああいう変化が起きていた地域はまだほとんどなかったのです。それが、ハヴロックでは起きていたのです。

私は、そのことを知った今、アメリカ合衆国という国とその地域社会を、あきらめずに良くしようと決断し、自分たちの信じることのために立ち上がるだけの勇気をもった知られざる黒人海兵隊員たちに改めて感謝したいと思います。

6　ジム・グラントの思い出

四〇年ほど前〔一九八〇年ころ〕のことですが、鮮明に記憶に残っていることがあります。それは、ノースキャロライナ州の州都ラリーから東に一〇〇マイル〔約一六〇キロメートル〕くらいのところにあるロバーソンヴィルに住む公民権活動を地元で担う一人の人物が、私に語ってくれた話です。そのとき私は、話を聞きながら、その活動仲間の電話連絡リストにジム・グラントの名前と電話番号が書き留められているのに気づきました。

写真2-44　ジムと甥。おそらく1980年代。
出典：2021年12月1日の告別式プログラム。

「クークラックスクランが私の家に銃弾を撃ち込んできたり、私の家の前に火のついた十字架を立てたりしたら、ほかに誰に助けを求めたらいいって言うの？」と、その人が私に尋ねました。その人は大真面目でした。実際、クークラックスクランたちはその両方をやってのけていたのです。）その人は、ジム・グラントの電話番号がなぜ手元に置かれているかを私が直ちに理解しないなんて、正気の沙汰ではないとでも言わんばかりに、私を見つめました。

それから、私にこう言ったのです。「あのね、ジム・グラントに助けを求めたら、来てくれるんですよ。すぐに来てくれるんですよ。ジムが到着するとね、誰だってね、敵《かたき》を討ってくれる天使を神様が遣わしてくださったって、思うものなんですよ」と。

＊　＊　＊

もう一週間前の［二〇二一年］一一月二一日の午後のことです。電話がかかってきました。ジムがその二、三日前に倒れたという知らせでした。倒れたとき頭をひどく打っていたので、医者は、自分たちにできることはもう何もないと告げたそうです。

その電話のあった日の朝、ジムは八四歳で亡くなっていたのです。ジムは、私の祖母に言わせるなら、川を越えてしまっていたのです。

ジムは、私たちの生きている今の時代に、公民権活動実践のまとめ役を担った「活動家」の一人でした。公民権をめぐる一連の活動に参加した人びとのあいだでジムは、窮状を訴えるアフリカ系アメリカ人たちを守ろうとする、その勇気と大胆不敵さと猛烈さで知られていました。

その一方で人びとは、ジムの、希望を捨てようとしない執拗さ、他の人の思いに共感する穏やかで静かな揺るぎなさ、さらには、人間の抱える内面の明るさも暗さも理解しようとする懐の深さを、崇敬していました。

＊　＊　＊

正式な名前はジェイムズ・アール・グラント（ジュニア）でしたが、誰からも「ジム」と呼ばれていました。ジムは、一九三七年にサウスキャロライナ州ビューフォート郡に生まれ、まだ幼いときに家族が、コネティカット州ハートフォードの近くの町に引っ越しました。ジムは、そこで一九四九年に「座り込み抗議活動」に初めて参加していました。

そのとき、一三歳という若さで、ジムは、自分より幾《いく》らか年上の友人たちと一緒に、地元のデパートの軽食堂での人種統合に成功していたのです。それは、ジムにとって最初の座り込み活動でした。その後ジムは、もっと多くの座り込み、数えきれないピケ活動や抗議集会やハンガー・ストライキなどに参加していくことになります。

高校を卒業すると、ジムはコネティカット大学に入学しました。それから大学院に進学して、「ヴェトナム反戦運動が高揚していた」一九六八年にペンシルヴェニア州立大学から有機化学の博士号を授与されました。

ジムは、大学で化学の教鞭をとる教員か研究所で化学研究者になることもできたはずですが、それとは異なる道を選びました。ジムがその身も心も捧げたのは、アフリカ系アメリカ人の自由闘争だったのです。

ジムは、一九六八年に初めてノースキャロライナ州に来たとき、ＶＩＳＴＡ〔ヴォランティア・イン・サーヴィス・トゥ・アメリカ〕の一員でした。ＶＩＳＴＡは、リンドン・ジョンソン政権における貧困撲滅計画の一環として策定された組織で、平和部隊《ピース・コア》がアメリカ合衆国外に派遣されたのに対して、ＶＩＳＴＡは国内向けに派遣された部隊でした。

写真 2-45　ハイド郡住民の通学拒否デモ行進。1968-1969 年。黒人活動家たちは州都ラリーに向かう２つの抗議デモ行進を組織した。その１つはノースキャロライナ州東部から、他の一つは同州西部から出発した。そのとき南部キリスト教指導者会議と行動を共にしていたジムは、1969 年春に同州西部アッシュヴィルから始まる抗議デモ行進を組織した。写真は、North Carolina Museum of History 所蔵。

ＶＩＳＴＡの指導者は、ジムをノースキャロライナ州シャーロットに配属しましたが、それは長続きしませんでした。それはジムが、経済的に貧しいアフリカ系アメリカ人居住地域でヴェトナム反戦活動を組織したいと主張したために、ＶＩＳＴＡからの給付金を受け取ることができなくなったからだと思われます。

それでもジムは、ノースキャロラ

イナ州にとどまって、組織活動を継続しました。それから半世紀のあいだジムは、人びとが助けを必要とするとき、迫害され弾圧される人びとの側に立ち続けました。それが、移住労働者や季節労働者であれ、住居を追い出された小作人であれ、警察から暴力を受けた被害者であれ、正義を求める人びとのためなら誰のそばにでも立ち続けました。

＊　＊　＊

ジムの行動は、［ジムを知る人びとのあいだでは］語り草になっているのですが、歴史書にジムの名は見つかりません。ジムは、つつましく控えめな人でした。決して注目の的になろうとはしませんでした。公的に認知されたいとか表彰されたいとか自分から願う人ではありませんでした。最期を迎える二、三年前まで（ときには態度が軟化することはありましたが）、インタビューにもほとんど応じようとはしませんでした。

まれにインタビューに応じたことがあったのは確かですが、ジムは自分自身についてほとんど語りませんでした。自分自身のことではなく、自分が闘ってきた大義について話そうとしたからです。

ジムは、誰かの英雄になりたいとも思っていなかったでしょう。ある日、ジムと二人でノースキャロライナ州ビューフォート郡の小さな町ベルヘイヴンにいたとき、私の記憶では、ジムが一度、自身のことをいわば教師のようなものだと思うと言ったことがあります。ジムは、男性であれ、女性であれ、［性的アイデンティティがほかの］何であれ、私たちのなかから英雄を育てる手助けをしたいと思っていたのです。

ジムは、カメラでさえできる限り避けていました。みなさんが図書館で一日調べ物をしたり、インターネット上でジムの名前を検索したりするとき、公民権獲得の活動に何十年も携わってきたジムの写っている写真を二枚以上見つけようとすれば、かなり頑張らなければならないでしょう。

図書館にいるとき、あるいはインターネットで検索しているとき、［ジムの名前で調べるのはやめて］ほかを見回してみてください。そして、全国的に知られている人権訴訟専門の弁護士たちがジムについて語っていることに耳を傾けてみてください。

たとえば、ジェイムズ・ファーガソン（Ⅱ）のような人権訴訟の弁護士が、投票権や受刑者の権利や警察官による暴力事件や移住農業労働者の権利や人種差別による環境汚染問題などを手掛けると、ジムのことを知るようになるのです。

写真2-46　ジム・グラント。いとこの家の玄関口で。1979年刑務所から釈放された直後。出典：*Charlotte Observer*, 29 July 1979. State Archives of North Carolina所蔵。私がこの写真を初めて見たのは、*North Carolina Historical Review* (January 1999) に所収された J. Christopher Schutz の論考 "The Burning of America: Race, Radicalism, and the 'Charlotte Three' Trial in 1970s North Carolina" に使われていたものである。

何年も前のことですが、私は、アフリカ系アメリカ人で歴史家の今は亡きジョン・ホープ・フランクリンと一緒に、私の知り合いの牧師の家で夕食をしていました。私たちは、アメリカでの公民権の歴史におけるジムとジムの役割について話していました。

そのとき私の印象に強く残ったのは、フランクリンがジムの活動について知っている情報量の豊富さというより、むしろフランクリンがジムについて語るときの口調、まるで聖なる存在を語るときのような一種の畏敬の念を漂わせて語る口調でした。

＊　＊　＊

「公民権活動家」としてのジムの生涯には、一九六〇年代から一九七〇年代に限定しても、数多くの重要な出来事をあげることができます。

たとえば、ヴェトナム戦争期にシャーロット市やフェイアットヴィル市などでジムは、戦争への徴兵に反対する抵抗活動と反戦運動に熱心に取り組んでいました。

一九六九年には、ノースキャロライナ州コンコードで公民権を求める行進を待ち伏せていたクークラックスクランとの衝突にも遭遇していました。その同じ年に、ジムは、サウスキャロライナ州チャールストンでの医療従事者による重要なストライキにも参加していました。

＊　＊　＊

ジムがとりわけ歴史研究者や歴史を学ぶ人びとのあいだで知られているとすれば、それは、アフリカ系アメリカ人の自由闘争のなかでも三つの出来事におけるジムの活動です。その三つが、ウィルミントン・テン事件、シャーロット・スリー事件、それに一九七二年から一九七九年にかけて投獄される度に取り組んだ受刑労働者を組織するという活動です。

写真2-47　コレッタ・スコット・キング（中央）――故マーティン・ルーサー・キング（ジュニア）の未亡人。サウスキャロライナ州チャールストンの医療従事者ストライキで。1969年。Avery Research Center 提供。

一九七一年、ノースキャロライナ州ウィルミントンの繁華街にある［United Church of Christ 派の］グレゴリー・コングリゲーショナル教会のまわりに「白人の権利《ライツ・オブ・ホワイト・ピープル》」（ＲＯＷＰ）と称して白人優越を唱える過激なグループをはじめとする多くの白人優越主義者たちが集まって、教会を包囲し攻撃したのです。それは、同年二月六日の夜のことで、白人優越主義者たちは警察が教会のまわりに設置したバリケードを破壊して、教会に銃弾を撃ち込んだのです。それから一時間ほどが経過し、教会のそばにあった白人経営のスーパーマーケットが放火され火事になりました。この教会は、そのころ公民権活動参加者たちが集会に使っていた場所だったのです。

この事件が起きたとき、ジムは、「ウィルミントン・テン」という呼び名で世界的に広く知られるようになる男性九人と女性一人のすぐそばで活動していました。

とはいえ、ジムは、その一〇人の一人にはなりませんでした。この事件で「ウィルミントン・テン」と呼ばれることになる一〇人の活動の担い手たちは、教会の近くにあるスーパーマーケットの放火事件に関与した廉《かど》で有罪になり、二〇一二年に無罪放免されるまで一〇年ほどを刑務所で過ごしました。

写真 2-48　1971 年 2 月 6 日夜のウィルミントン繁華街。出典：*Wilmington Morning Star*, Feb. 7, 1971.　New Hanover County Municipal Library 所蔵。私がこの写真を初めて見たのは、*North Carolina Historical Review* (January 2015) に所収された Kenneth Janken の論考 “Remembering the Wilmington Ten: African American Politics and Judicial Misconduct in the 1970s” に使われていたものである。

一方、ジムは、自衛手段として武力を使うことにも賛同する有能な「活動家」として知られており、グレゴリー・コングリゲーショナル教会の中に閉じ込められた若い活動参加者たちの命を守るために中心的な役割を担いました。

ROWPをはじめとする白人優越主義者らによってこの教会包囲攻撃が続いた三日間、ウィルミントンの繁華街では発砲の音と火炎瓶の炸裂音が響き渡りました。二人が死亡し、公民権活動の担い手たちとＲＯＷＰとの激戦は終わりそうにありませんでした。そのような街でジムは、幾度も命がけで行動しましたが、どうにか無傷で切り抜けたのです。

＊　＊　＊

同じく一九七一年のこと、ジムは、Ｔ・Ｊ・レディとチャールズ・パーカーと共に、シャーロットで一九六八年に起きた乗用馬厩舎《きゅうしゃ》の焼失に関与した廉《かど》で起訴され有罪判決を受けました。このときの被告三人が「シャーロット・スリー」として知られるようになりました。

写真2-49　アンジェラ・デイヴィス、政治活動家・哲学者・作家。デイヴィスは、シャーロット・スリーを応援し、裁判活動に要する資金集めに奔走した黒人活動家の１人。この写真ではジムの両親（ジェイムズ・アール・グラントとジュリア・B・グラント）と共に。コネティカット州ハートフォードで。1972年ころ。Hartford Web Publishing 提供。

ジムはこの「シャーロット・スリー」の裁判で一貫して無罪を主張していました。それから何年も経て、この有罪判決に注目するようになった歴史研究者たちによれば、その裁判は、ニクソン政権が一連の公民権活動と反戦活動で過激派と目された黒人活動家を標的にして、組織的に取り組んだ作戦の一つであった、と解されるようになります。

たとえば、歴史家ジョー・モニエイとノースキャロライナ大学法学部教授のリッチ・ロウゼンは、ジュリアス・チャンバーに関する共著（*Julius Chamber: A Life in the Legal Struggle for Civil Rights*）で、この出来事に触れて次のように述べています。

　連邦政府が黒人過激派に対抗するため全国的に展開した政策は、一九七一年にノースキャロライナ州にも及んだ。その政策は、主としてアルコール・タバコ・銃担当局（ATF）所属のノースキャロライナ州係官の指令によって実施され、その係官は、若い黒人活動家ベンジャミン・チャヴィス〔チャヴィスはウィルミントン・テン裁判の被告の一人で、主犯格とみなされ最長の禁固刑に処せられた〕とジェイムズ・アール・グラント（ジュニア）〔通称ジム〕の二人を、ノースキャロライナ州における最も過激な活動家だとみなして、取り締まりの標的に選んだ。

モニエイとロウゼンは、連邦係官が、「この政策執行に際して、密偵、密告者、誤報、あからさまな暴力など、さまざまな非合法的手段を用いた」と述べています。

写真 2-50　ジェイムズ・ボールドウィン。1977 年、ボールドウィンは当時の大統領ジミー・カーター宛に、シャーロット・スリー事件のジムおよび二人の被疑者を弁護する公開状を送った。同年 1 月 23 日の『ニューヨーク・タイムズ』紙に掲載されたその手紙には、ウィルミントン・テンの 10 人にも正義を求めていた。「友よ、あまりにも多くの仲間が刑務所にいる。あまりにも多くの仲間が飢えている。あまりにも多くの仲間が開かれた門戸を見つけられずにいる」とボールドウィンは書いていた。写真：Sophie Bassouls/Sygma, via Getty Images 提供。

「シャーロット・スリー」裁判でジムと他の二人の被疑者が

有罪とされた証拠があまりにも不十分だったので、〔一九六一年、ロンドンで創設された人権擁護の民間国際組織〕アムネスティ・インターナショナルは、ジムたち三人を「政治犯」だとみなしました。

これは、アムネスティ・インターナショナルが、アメリカ合衆国で刑務所に収監されているアメリカ市民を政治犯とみなした最初の出来事でした。

「シャーロット・スリー」の裁判でジムは、〔三人のなかで刑期が最長で〕二五年の禁固刑を言い渡されました。この裁判判決に対しても、世界じゅうの人権保護唱道者や抗議活動を担う人びとが三人の若者たちの投獄に反対する声を上げ続けました。ノースキャロライナ州知事ジェイムズ・B・ハントは、抗議の声を受けて態度を軟化させ、三人をようやく解放しました。知事が一九七九年の時点でジムに認めたのは〔無罪放免ではなく〕仮釈放でした。

＊　＊　＊

刑務所に収監されているあいだも、ジムは無為に過ごしてはいませんでした。フリーランスのジャーナリストであるジョナサン・マイケルズが行なった見事なインタビューで、ジムはこう語っていました。「私は、どこにいても、組織活動してみたいって感じてるんですよ」と。この会見は、二〇一八年六月一九日の『スキャラワグ・マガジン』に掲載されています。

刑務所の監房に入ると、ジムはすぐにほかの受刑者たちと共にノースキャロライナ囚人労働者組合を組織する活動を始めました。達成目標はたくさんありましたが、組合支持者たちは、黒人と先住民《インディアン》を刑務所の監視人として雇うこと、食事を改善すること、囚人たちの労働に正当な見返りを施すこと、それから、ジムのように教育を受けた囚人が、無教育の囚人に読み書きを教えることができるように教材を提供するといったことを、刑務所の役人たちに強く要求しました。

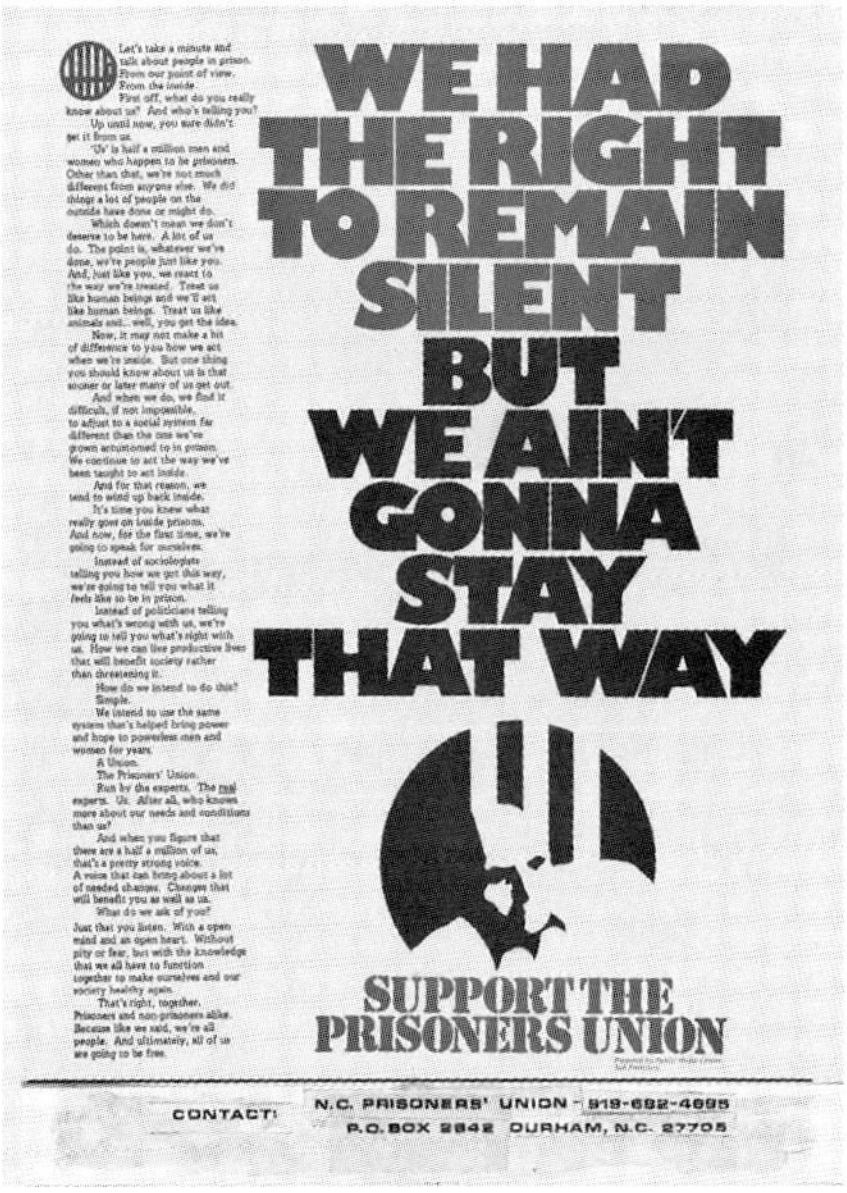
WE HAD THE RIGHT TO REMAIN SILENT
BUT WE AIN'T GONNA STAY THAT WAY
SUPPORT THE PRISONERS UNION
CONTACT:
N.C. PRISONERS' UNION
P.O. BOX 2842 DURHAM, N.C. 27705

写真 2-51　囚人労働組合のポスター。1975 年ころ。Special Collection & University Archives, J. Murrey Atkins Library, University of North Carolina at Charlotte 所蔵。

受刑者の労働組合を組織したのは、画期的な出来事でした。確かにアメリカ合衆国最高裁判所が一九七七年の裁判（*Jones v. North Carolina Prisoners' Labor Union, Inc.*）で、連邦憲法に照らして受刑者には組合を組織する権限はないという裁定を下したものの、受刑者たちが自分たちの住環境と労働環境を改善するために団結して行動した影響は今日の視点から見ても重大な意味をもっていました。

こうした組織的努力が成功すると、その成果はあなどれないものです。『スキャラワグ・マガジン』に掲載されたマイケルズの記事によれば、「ノースキャロライナ囚人労働者組合には、五〇〇〇人以上の囚人が加盟した。それは、同州の刑務所に収監されている人口のおよそ半数だった」そうです。

JIM GRANT
ORAL HISTORY PROJECT!
In honor of one of the most important and committed freedom fighters in North Carolina's history, The Communiversity, the educational partner of the Black Workers for Justice (BWFJ), is launching The Jim Grant Oral History Project. The purpose of this oral history project is to honor the life and political contributions of Dr. James (Jim) Grant. We believe that Dr. Grant's 50+ years of civil rights, labor, prison, and environmental justice activism has the potential to inspire and be useful to current and future generations of activists.

写真 2-52　ジム・グラントを記憶するプロジェクト。ジムの友人や同志たちはジムと共に活動した人びとから体験談を聞き取り、ジムの足跡を保存し若い世代の活動家たちと共有することを目指している。このプロジェクトは、1983 年にノースキャロライナ州ロッキーマウントにジムが仲間と創設した労働権利の組織ブラック・ワーカーズ・フォア・ジャスティスの教育支部で高等教育機関と地元社会の連携を促進するコミュニヴァーシティ〔・サウス〕が主催している。

＊　＊　＊

ジムが刑務所に収監されているとき、両親とその近隣の支援者たちは、コネティカット州ハートフォードの州庁舎でジムのために夜の集会《ヴィジル》を毎月開催していました。

一九七九年に仮釈放で刑務所から解放されると、ジムは、ハートフォードにいる両親と支援者たちを訪ねました。めったになかったことですが、その地でジムはインタビューに応じました。その会見で地元の新聞記者にジムは、実にジムらしい言い方で、刑務所のなかで過ごした年月に恨み辛みなど微塵も抱かなかったと告げています。

公民権活動をするにはそれなりの犠牲を払わなければならないってことは、いつもわかっていたとジムはその新聞記者に語っています。そのうえでジムは記者に、アメリカでの正義の闘いに自分よりもっと不当に高い犠牲を払ってきた人びとが大勢いることを気づかせようとしていました。

＊　＊　＊

数日後、ジムはノースキャロライナ州に戻って、また組織づくりを始めました。その後の四〇年間というもの、ジムは活動し続けました。毎日、毎晩、ジムは、黄色い小さなホンダの最初のシヴィック（走行距離五〇万マイル〔約八〇万キロメートル〕で、それがついに寿命を迎えてからは、赤い軽トラック）に乗り込んで、問題を抱えて助けを求めている人びとのいるところに向かいました。

住居を追い出されそうになっている小作農民、有害廃棄物の危険にさらされている地域住民、農場で債務労働や事実上の奴隷労働の状況と闘っている労働者。

警察官による暴力の犠牲者、生活に必要な賃金を求めて闘っている工場労働者、良心的兵役拒否者たち。

投票権を拒否された黒人住民、職場で抑圧と闘っている女性、それに、ロバーソンヴィルのような小さな町で私の知り合いのようにクークラックスクランから脅されている公民権活動の担い手たち。

そういう人びとのために、ジムは、夜通しで駆けつけました。たとえ「事態の悪化を阻止することが」常にできるとは限らないにしても、――そんなこと、誰にできるというのですか?――、ジムに助けを求めた人びとの目にどんな表情が浮かんでいたかを、私は決して忘れないでしょう。それは、事態が悪化し、世間の冷たさや不運や見込みの悪さで不安に駆られているときでさえ、自分は一人じゃないと思うときに浮かんでくる心の和《なご》みの表情なのです。それは、ひょっとしたらうまくいくかもしれないという思い、何たってジム・グラントが来てくれるんだから、という思いだったのです。

原題一覧

＊本書ではブログ上のエッセイの原題を、そのまま日本語に翻訳しているとは限りません。本書の各章を成すエッセイの原題およびブログ（https://davidcecelski.com/）に投稿された日付は以下のとおりです。

本書　第一部
第1章　From Aguascogoc's Ashes（January 31, 2022）
第2章　Colington Island: An Outer Banks Fishing Village in the 1930s（December 24, 2017）
第3章　The Herring Workers（February 24, 2021）
第4章　The Lost Photographs: Remembering North Carolina's Fishing Communities in the 1930s and '40s（January 5, 2022）

本書　第二部
第1章　"All Roads Lead Back to North"（October 7, 2021）
第2章　"My Trouble Here in Wilson"（April 17, 2018）
第3章　A Day in Piney Grove: A Journey into Brunswick County's Past（April 14, 2020）
第4章　"We Returned Home to our Enemies": Black Marines and the Struggle for Racial Equality at the

Cherry Point Marine Corps Air Station（February 19, 2022）
第5章　In the Small Town Where I Grew Up（March 4, 2022）
第6章　Jim Grant, in Memory（December 6, 2021）

編訳者あとがき

年に二度、春と夏に私がノースキャロライナ州を訪れるたびにデイヴィッド・S・セセルスキは、四方山話をする時間をつくってくれた。初めて会ったのがいつのことだったか私の記憶は定かではないが、もう一五年以上も前のことになる。いつの間にか知り合いになっていた。数年前に十数人の仲間と立ち上げた「歴史のなかの人びと」と題する共同プロジェクトで、セセルスキさんと初めて一緒に仕事をする機会を得た。今も、進行中の共同プロジェクト「歴史との対話」の仲間の一人でもある。

これら二つの共同プロジェクトの仲間たちを除けば、セセルスキさんの名を日本で知る人は少ない。ところが、アメリカ合衆国、とりわけノースキャロライナ州では、大学で教鞭を執る歴史研究者であろうとなかろうと、歴史に関心をもっている人たちに、その名はよく知られている。それは、新聞の連載記事や講演活動、さらには、近隣の大学（デューク大学やノースキャロライナ大学チャペルヒル校など）のオーラルヒストリー・プロジェクトにかかわるなど、その活動が多彩であり、最近では二〇一七年ころからブログを立ち上げて、自身の生まれ故郷であるノースキャロライナ州大西洋岸の歴史を紹介しているから、なおさらであろう。そのブログにはセセルスキさんが史料を踏まえて書いた長短さまざまな話がたくさん掲載されている。しかも、それを読んだ人がコメントを残すことも多々ある。

とはいえ、デイヴィッド・S・セセルスキは、ブロガーでも新聞記者でもない。歴史研究者である。一九九〇年代から非常に興味深い歴史書を執筆し、数多くの賞を受けている。そのなかで三冊あげるとすれば、まず一九九四年に出版された *Along Freedom Road: Hyde County, North Carolina, and the Fate of Black Schools in the South* である。公立学校の人種統合と言えば、一九五四年のアメリカ合衆国最高裁判所における通称「ブラウン判決」に後押しされて公立学校における人種統合が目指され、歴史研究者が、いかにして人種統合が実現したかに注目してきた。セセルスキさんは、人種統合が「白人学校」を軸に推進された大波のなかで、アフリカ系アメリカ人たちがジムクロウ体制下で培ってきた「黒人学校」を存続させようとする動きに注目した。二冊目にあげたいのは、*Waterman's Song: Slavery and Freedom in Maritime North Carolina* である。この本では、奴隷制時代から南北戦争を経て再建期の大西洋岸における人びとの生活が環境の変化をも視野に入れて解明されている。おそらく漁民たちの生活史に歴史研究者が注目した研究はこれが最初かもしれない。そして、三冊目は、*The Fire of Freedom: Abraham Galloway and the Slaves' Civil War* である。本書は、エイブラハム・ギャロウェイという元奴隷とされていた人物の伝記という形をとりながら、奴隷とされてきた人びとが南北戦争の最中いかに「解放」を求めて闘ったかに注目している。ギャロウェイの生涯を掘り起こすことによって、奴隷制の時代から奴隷制廃止後の時代への大きな社会・政治・経済の変容のなかで、アフリカ系住民の生き様を活写した力作である。

『アメリカ東海岸・埋もれた歴史を歩く』と題した本書には、セセルスキさんのブログ（https://davidcecelski.com/）にこれまで掲載されたエッセイ約三〇〇編のうち、セセルスキさんとの意見交換を経て選択した一〇編が収められている。翻訳を進めるにあたってセセルスキさんは、私からの編集上の提案や細かな質問に著者として一つ一つ丁寧に答えてくれた。本書は著者と編訳者の合作である。こうした著者の協力は、本書出版に不可欠であり、心より謝意を表しておきたい。もちろん、何か落ち度があるとすれば、その責任は、編者・訳者としての私にある。

本書の構成を模索しているとき、私としては、ブログ全体に示されている著者の多様な関心を本書に反映させたかった。本書一冊でそれは不可能だとは、もちろんわかっていた。それゆえ、まず視覚的に歴史を捉える手法の一つとして写真を多用した作品を選んだ。それが第一部に収められているエッセイ四編である。その第一章は、文字をもたなかった先住民の人びとの声を想像させる作品である。第二章と第三章では、チャールズ・A・ファレルの写真を基にして大西洋岸の集落に暮らした人びとの生活模様を描き出す試みである。第四章は、そのファレルの生涯を綴ったエッセイであるが、そのなかに多くの写真が散りばめられている。読み手は、文章のなかで進展するファレルの生涯を文字で追いながら、ファレルが残した写真に連れ戻されるという、文章と写真のあいだの反復を、自身のペースで体験することになる。そうやって第四章を読み終えたとき、読み手は何を思うのだろうか。ファレルの何を受けとめるのだろうか。セセルスキさんの意図をどのように受けとめるのだろうか。第四章は、叙述の域を超える実験的エッセイとして本書に収めてみた。

第二部では、セセルスキさんにとって自身が生きる根底に「自由を求める」活動とそれを営む人びとへの思いがあることを反映させたいと考え、それぞれ異なる時代とテーマをもつ六編を収めた。第一章は、第一次世界大戦下から一九二〇年代にかけて、よりよい生活を求めて南部諸州から北部産業都市に移住したアフリカ系アメリカ人たちの「大移動」の一つの実態を描いたエッセイで、ノースキャロライナ州を去った後も故郷を思い続けた人びとの物語である。第二章は、同州に残って、生活改善を実践しようとした人びととの物語である。第三章では、今を生きる住民が、その集落の歴史を記憶しようとする動きが綴られている。第四章と第五章は、公的な領域でアフリカ系の人びとが他の人びと、とりわけヨーロッパ系の人びとと対等であるために必要な諸権利、いわゆる人間社会における公民権を獲得しようとする一連の動きを具体的に検証したエッセイである。ノースキャロライナ州の一隅の出来事のなかには、アメリカ合衆国全域にわたる自由闘争の先陣を切る事例もあったことを知っている人は少ないだろう。そして、最後の第六章は、ジム・E・グラント（ジュニア）を偲ぶ弔文である。セセルスキさんは、自身が二〇歳前後のころグラントに遭遇して共に過ごし、生きる姿勢ばかりか人や社会への眼差しについても多くを学んだと言う。そのころ学んだ価値観と眼差しが今もセセルスキさんの根底にあると言う。著者は、「ジム」を、「活動家」であると同時に「人」を想《おも》う「人」として追悼したかったのであろう。

歴史研究の成果をどのように叙述し、それを多くの読み手と共有していくにはどうすればよいか、私の模索も終わりそうにない。その模索の過程で、セセルスキさんのブログに一つの貴重なヒントを得た。というのも、「ブログ」というインターネット上の場で不特定多数の読み手に向けて歴史叙述を発信するセセルスキさんの姿勢は、学術書を書く姿勢と変わらないように思われたからである。歴史叙述の場がブログ、書物、講演のいずれであれ、そこに通底しているのは、セセルスキさんが本書に寄せてくれた「日本語読者のみなさんへ」の文章にも記されているように、「書き手がほかの人や人間性について叙述しようとする際、その場所や物語が現在の時点で一般的に重視されていようがいまいが、書き手が過去の人とその状況を人として少しでも共有し共感しようとするとき、その延長線上に初めて現れる」という「より深い位相」から地を這うごとく謙虚に叙述しようとする姿勢である。その姿勢を私なりに言い換えれば、セセルスキさんは、自身を「人」とみなし、そのうえで歴史のなかの人物を「人」とみなして寄り添うことによって叙述の糸口を見出そうとしているとでも言えよう。その位相では、その人物が社会的に評価されているか否かも、その人物の行為やその人物をめぐる事件が世間で重視されているか否かも問題にはならない。人が人として生きる。セセルスキさんの叙述は、そうした位相を希求することによって活かされ、読み手に訴える懐の深さを発揮する。

セセルスキさんの歴史叙述の姿勢をそのように理解するとき、そこには自身が史料に基づいて紡ぎだした「発見」を、多くの人たちと共有したいという素朴な願いが見える。どうすればそれができるか、セセルスキさん自身が今もその模索の途上にある。

考えてみれば、歴史叙述という問題は、日本でも試行錯誤が続けられてきた。歴史の流れや歴史のなかの人びとや事件などを、どう叙述すれば、今を生きる読み手に理解してもらえるのか。その疑問に「正解」となる絶対的な解答はない。だからこそ試行錯誤を伴って模索は続く。

そのように見てくると、「論文」や「研究書」も従来から叙述の場になっていたと考えてよいだろう。そこでは客観性や歴史的展望が重視され、それゆえに読み手の大半が研究者となる。また、いわゆる「教科書」も一つの歴史叙述の場となってきた。読み手が中学生であろうと高校生であろうと大学生であろうと、書き手は、客観性を重んじて、自身を前面には出さないように心がけてきたのではないだろうか。

とすれば、セセルスキさんがブログで展開する叙述の思考錯誤は、従来の「論文」や「研究書」や「教科書」のそれとは一線を画す。なぜなら、歴史叙述の客観性にこだわりつつも、一つの叙述方法として自身の感情を隠さない叙述をセセルスキさんが試みるからである。言い換えれば、歴史のなかの「発見」を自身がどのように受けとめたか、その経験を織り込みながら歴史を叙述しようとする。したがって読み手は、セセルスキさんの存在を常に身近に感じながら、歴史を読み進めることになる。翻訳者としての私には、自身をあえて隠さないセセルスキさんの姿勢が読み手に受け入れられる瞬間、その叙述が底力を発揮するような気がする。

自分の「発見」を多くの読み手と共有したいと願う以上、セセルスキさんにとって、自身の経験的叙述の受け手となる読み手の存在は大きい。それゆえ、歴史を叙述するとき、読み手を自身の思考の射程に入れることになる。とりわけ「論文」と異なり、文章形式を自由に組むことができるブログの文章では、読み手を想定しながらの叙述がしやすくなる。

実を言えば、セセルスキさんのエッセイの翻訳を数年前に最初に試みたとき、私は、行を空けて短い段落を重ねていく叙述方法の巧みさに驚いた。もちろんご当人は、段落の行頭に少し空欄を置く代わりに、段落と段落のあいだに一行の空欄を設けただけだと言うかもしれない。そうであるとしても、セセルスキさんが、誰に対しても真摯に耳を傾ける人であることを身近に知る一人として、私には、視覚的に感知される一行の空間があることによって、セセルスキさんが書き手として叙述しながら、読み手と対話を試みているように思われてならない。行間は、読み手が著者セセルスキさんの叙述を受けとめて咀嚼する時空になっているのではないか。そう思ったとき、セセルスキさんの叙述を翻訳するに際しては、私自身も読み手を想定しながら編集および翻訳する必要を感じたというわけである。

ここで改めて確認しておきたいのは、本書が歴史書でありながら、論文集でも一つの歴史物語の書でもないということである。あえて言うなら、実験的なエッセイ集であり、そこには、歴史のなかの人に寄り添おうとして叙述の仕方を模索するセセルスキさんの歴史世界がある。その歴史世界を日本語で表現してみたいと私は考えた。セセルスキさんの歴史叙述の世界を日本語で再現することに翻訳者としての私がどれほど成功しているかは、読者のみなさんのご判断に委ねるしかない。正直なところ、本書が日本語読者の心にどのように響くのか響かないのか、私にもわからない。それでも、セセルスキさんの歴史世界を日本語でも届けてみたいと思った。

その一方で、新型コロナ感染症の拡大やウクライナの戦場や多発する自然災害など、八方ふさがりに見える暗い世相のなかで、読み手に問いかけるセセルスキさんのような歴史世界が、今ほど求められている時代もないのではないか、という気もしている。時空を越えて人が人を想《おも》うことによって、少しでも充足感をもつということが、今を生きる私たちにできるなら、それが微々たるものであったとしても、そのことが人によっては、今を生きる幾ばくかの活力となり、将来を豊かにするきっかけになるかもしれない。

最後に、本書のような実験的な歴史叙述を本にするという試みを快く引き受けてくださった彩流社のみなさんに心から感謝する。デザイナーの渡辺将史さんには、カバーの装丁や地図の仕上げのみならず、ファレルの写真を活かす工夫もお願いすることになった。編集者とデザイナーの丁寧な取り組みには、併せてお礼申し上げたい。そのうえで、本書が多くの方々にお読みいただけることを願ってやまない。

二〇二二年八月

編訳者

◆著者紹介
David S. Cecelski（デイヴィッド・S・セセルスキ） 歴史研究者
ノースキャロライナ州の歴史・政治・文化に関して論文・記事など多数。州内外で講演活動にも従事。Outstanding Book Award (the Gustavis Myers Center for the Study of Human Rights) や Walter Hines Page Award for Literature など多くの賞を受賞。
単著：*Along Freedom Road: Hyde County, North Carolina, and the Fate of Black Schools in the South* (Chapel Hill, N.C.: University of North Carolina Press, 1994); *The Waterman's Song: Slavery and Freedom in Maritime North Carolina* (Chapel Hill, N.C.: University of North Carolina Press, 2001); *The Fire of Freedom: Abraham Galloway and the Slaves' Civil War* (Chapel Hill, N.C.: University of North Carolina Press, 2012) 他。
共編著：*Democracy Betrayed: The Wilmington Race Riot of 1898 and Its Legacy* (Chapel Hill, N.C.: University of North Carolina Press, 1998) 他。

◆編訳者紹介
樋口映美（ひぐち　はゆみ） 専修大学名誉教授
単著：『アメリカ黒人と北部産業――戦間期における人種意識の形成』（彩流社、電子版 2019 年、初版 1997 年）；『アメリカ社会の人種関係と記憶――歴史との対話』（彩流社、2021 年）。
編著：『流動する＜黒人＞コミュニティ――アメリカ史を問う』（彩流社、2012 年）他。
訳書：ホリス・ワトキンズ他『公民権の実践と知恵――アメリカ黒人 草の根の魂』（彩流社、2019 年）； ヘザー・A・ウィリアムズ『引き裂かれた家族を求めて――アメリカ黒人と奴隷制』（彩流社、2016 年）他。

アメリカ東海岸《ひがしかいがん》 埋《う》もれた歴史《れきし》を歩《ある》く

2023 年 1 月 25 日 初版第 1 刷発行　　定価は、カバーに表示してあります。

著　者　デイヴィッド・S・セセルスキ
編訳者　樋 口 映 美
発行者　河 野 和 憲

発行所　株式会社　彩　流　社
〒 101-0051 東京都千代田区神田神保町 3-10 大行ビル 6 階
TEL 03-3234-5931 FAX 03-3234-5932
ウェブサイト http://www.sairyusha.co.jp
E-mail sairyusha@sairyusha.co.jp

印刷・製本　㈱丸井工文社
装幀　渡 辺 将 史

乱丁本・落丁本はお取り替えいたします。　ISBN 978-4-7791-2879-0 C0022

アメリカ社会の人種関係と記憶

978-4-7791-2756-4 C0022 (21. 05)

歴史との対話　　樋口映美 著

アメリカ的な人種差別の構造と変遷を読み解き、歴史の再認識を問う！ 重層的アメリカ社会は、白人優位の人種差別が社会秩序として刻まれてきた。その歴史の変遷を複雑な動態として個々人のレベルで捉えようとした12の「作品」を収録。　Ａ５判上製　4,500 円＋税（電子版有）

歴史のなかの人びと

978-4-7791-2666-6 C0020 (20.04)

出会い・喚起・共感　　樋口映美 編

歴史を知る･学ぶ･考える、その面白さを呼び起こす！ 歴史の記録に残されていない人びとも、未解決の事件も、大きな世界の動きをも射程に入れて、歴史研究者が「人」に立ち返って史料から多様な人びとの営みを掘り起こし、その日常を紡ぐ。　四六判並製　2,200 円＋税

「ヘイト」に抗するアメリカ史

978-4-7791-2826-4 C0022 (22. 04)

マジョリティを問い直す　　兼子 歩／貴堂嘉之 編著

トランプによって米国の多数派の潜在的な特権的地位が意識された。歴史的視座から多数派にとり「他者」からの「脅威」による「被害者」意識の発露としての行動と自覚されない〝特権〟と差別意識払拭への可能性、レイシズムと不平等の問題を考察。　四六判並製　2,800 円＋税

アメリカの奴隷制を生きる

978-4-7791-2194-4 C0022 (16. 01)

フレデリック・ダグラス自伝　　フレデリック・ダグラス 著／樋口映美 監修

奴隷として生まれ、19 世紀前半の 20 年間、「人間性」を破壊する奴隷制に抗って生き、独学で読み書きを覚え、ついに逃亡に成功するまでのダグラスが「人間として生きた」苦難の道のりを描く！ 今でもアメリカで多くの人々に読み継がれる名著。四六判並製　1,800 円＋税

公民権の実践と知恵

978-4-7791-2565-2 C0022(19.02)

アメリカ黒人　草の根の魂　　ホリス・ワトキンズ、C・リー・マッキニス 著／樋口映美 訳

“ブラザー”・ホリスが語る貧困、暴力、人種差別、投票権、文化の闘い！ 見落とされがちだった地道な草の根の活動を、ミシシッピ州の活動家ホリス・ワトキンズが語る貴重な証言。黒人たちの長い日常的な闘争、多様な活動の歴史が語られる。　Ａ５判上製　3,800 円＋税

引き裂かれた家族を求めて

978-4-7791-2236-1 C0022 (16. 06)

アメリカ黒人と奴隷制　　ヘザー・Ａ・ウィリアムズ 著／樋口 映美 訳

本書は、家族から強制的に引き離された「奴隷」たちが「人」としていかに悲しみ悩み、それでも生きてお互いを求め続けたか、「人の絆」を活き活きと描き、歴史のなかに生きた人びとの生の言葉を通して現代に問いかける名著である。　Ａ５判上製　3,600 円＋税

アメリカ黒人と北部産業【電子版】

978-4-88202-448-4(97.05)

戦間期における人種意識の形成　　樋口映美 著

南部から北部産業都市への人口移動、黒人ゲトーの拡大、北部産業都市の黒人指導者と企業経営者の交錯などを通して後の公民権運動に引き継がれる人種意識形成のプロセスを実証。“差別される黒人”という史観を越えて、黒人のアイデンティティ問題に迫る社会史。2,500 円(税込み)